DU SYSTÈME

DE

COLONISATION.

IMPRIMERIE DE AUGUSTE AUFFRAY,
PASSAGE DU CAIRE, N° 54.

DU SYSTÈME

DE

COLONISATION

SUIVI PAR LA FRANCE.

ALGER.

Par M. A. C. de Lacharière.

> L'admission des gens du lieu, des parties intéressées, à la discussion des objets qui les concernent, est le principe de vie le plus fécond qui puisse animer une société.
> (*Page* 46.)

PARIS.

AUGUSTE AUFFRAY, IMPRIMEUR,

PASSAGE DU CAIRE, N. 54;

DELAUNAY ET LEVAVASSEUR,

PALAIS-ROYAL.

1832.

DU SYSTÈME
DE
COLONISATION.

CHAPITRE I.

DU PEU D'HABILETÉ DU GOUVERNEMENT FRANÇAIS EN MATIÈRE DE COLONISATION. — DE L'IMPORTANCE D'ALGER.

L'expérience a prouvé le peu d'habileté du gouvernement français en matière de colonisation. Aucune puissance n'a eu, sous ce rapport, de plus grands avantages que la France; aucune n'a moins su en profiter. On ne peut jeter un coup d'œil sur le passé comme sur le présent; on ne peut examiner ce qu'elle a fait des colonies qu'elle possédait, et ce qu'elle fait de celles qui lui restent, sans être pénétré de cette triste vérité.

Quelle contrée plus précieuse pour une métropole que la Louisiane, et par la fertilité de son territoire, et par la commodité de son fleuve, et par sa position géographique! Cependant ce pays, si favorisé de la nature, a été comme frappé de stérilité, de langueur, tant qu'il nous a appartenu, qu'il a été soumis à nos lois et à notre administration. Aussitôt que nous l'avons eu cédé aux États-Unis, il a pris un essor prodigieux, comme s'il avait été débarrassé du seul obstacle qui s'opposait à ses progrès.

La France possédait Saint-Domingue, la plus riche colonie qui ait peut-être jamais existé : elle l'a perdue par sa faute.

Le Canada, dont elle n'avait pas su tirer parti, est maintenant, après l'Inde, la possession la plus importante de l'Angleterre.

Nous possédons l'île Bourbon, la Martinique, la Guadeloupe et la Guyane française. Nous exportons dans ces possessions pour plus de cinquante millions de marchandises. Elles sont peuplées par nos concitoyens. Tôt ou tard ils nous rapportent les richesses qu'ils y ont amassées. Ne serait-il pas naturel que ces colonies nous fussent d'autant plus chères que nos pertes ont été plus grandes? Ne serait-il pas naturel que le gouvernement eût pour elles la plus grande sollicitude? Leurs habitans ne devraient-ils pas trouver dans leurs concitoyens de la métropole cette bienveillance qui ne doit jamais cesser d'exister entre les enfans d'une même patrie? Sans doute c'est ce qui aurait lieu si ces colonies appartenaient à toute autre nation.

Mais la France a une manière de se conduire, lors qu'il s'agit de colonies, qui n'appartient qu'à elle.

Après avoir cédé le canada, après avoir perdu Saint-Domingue, après avoir vendu la Louisiane, il semble que l'on soit décidé à perdre celles qui nous restent. Il semble qu'on cherche à en dégoûter les habitans, à les abreuver d'injustices, à leur faire désirer de se détacher d'une patrie qui les repousse.

Dix-huit mois se sont déjà écoulés depuis la conquête d'Alger. La nouvelle province est à deux pas de nous. On a beaucoup vanté l'importance de cette acquisition et elle est effectivement importante. Qu'a-t-on fait pour la coloniser? Non-seulement on n'a pas avancé, mais on a rétrogradé. Les cabaïles et les bedouins, que la conquête avait frappés de terreur, ont appris à nous mépriser. Nous n'avons même pas réussi dans l'établissement d'une ferme modèle. Nos fautes, les revers qui en ont été la suite, ont détruit l'envie qui commençait à se répandre en France, d'aller s'établir dans ces plaines fertiles d'où les Romains tiraient tant de grains.

La conduite du gouvernement dans cette circonstance a été telle, qu'on n'a pu l'expliquer qu'en imaginant qu'il avait contracté vis-à-vis d'une puissance rivale l'obligation formelle de ne pas coloniser notre nouvelle conquête.

Cependant, jamais la France n'a eu plus besoin de colonies, et à aucune époque elle n'a possédé des contrées d'outre-mer plus importantes par leur étendue, leur distribution et leur position géographique.

Alger dans la méditerranée, la Martinique et la Guadeloupe dans les Antilles, le Sénégal sur les côtes occidentales de l'Afrique, la Guyane française sous l'équateur, Bourbon sur la route de l'Inde, voilà certes d'admirables élémens de prospérité agricole, manufacturière et commerciale. La France saura-t-elle en profiter? L'expérience du passé, il faut en convenir, n'est pas faite pour nous rassurer.

Quoi qu'il en soit, nous avons pensé qu'il était de notre devoir, et comme colon et comme français, de jeter un coup d'œil sur toutes nos possessions d'outre-mer; de signaler les causes qui nuisent à leur prospérité, celles qui peuvent contribuer à leur bonheur, et fixer l'attention de la France sur les immenses avantages commerciaux et maritimes qu'elle possède depuis la conquête d'Alger.

Non-seulement cette acquisition ne diminue pas, comme quelques-uns le prétendent, l'importance de nos autres colonies; mais elle l'augmente au contraire de beaucoup; parce qu'elle en complète l'ensemble.

Un grand nombre de personnes nient l'importance des colonies et voudraient faire admettre comme principe incontestable, la liberté indéfinie du commerce. Nous avons eu déjà occasion de nous élever contre cette théorie dans un précédent écrit, et nous avons invoqué l'exemple des États-Unis. Dès que cette nation veut établir chez elle un genre d'industrie, elle ne manque pas de grever de droits très-forts les produits analogues de l'étranger, et il est aisé de voir qu'elle n'aurait jamais réussi sans un pareil moyen.

De sorte que nous avons clairement établi, et par le raisonnement et par les faits, que la liberté du commerce n'est qu'une lutte dont l'exclusion du plus faible est le résultat. C'est ce qu'on voit dans tous les pays, dans toutes les villes, lorsqu'une concurrence s'établit.

Certes, si nous avions l'imprudence d'ouvrir la lice, une défaite ruineuse serait le prix de notre témérité.

L'Angleterre triompherait facilement de nous; non pas seulement parce qu'elle est plus avancée en fait d'industrie; mais parce qu'étant plus riche, possédant plus de capitaux, elle peut accorder de plus longs crédits et soutenir plus long-temps des pertes.

D'autres nations, au contraire, auraient l'avantage sur nous; parce que leurs ouvriers ayant moins de besoins que les nôtres, pourraient travailler à meilleur marché.

Un événement désastreux est venu ajouter une nouvelle et terrible preuve à toutes celles que nous avions déjà accumulées. Il est démontré maintenant que nos soieries ne peuvent soutenir la concurrence avec celles des Suisses et des Allemands. Ainsi donc, comme nous l'avions fait voir, le commerce de France n'est réellement brillant qu'avec ses colonies. Partout ailleurs, si on excepte le débit de quelques marchandises particulières à notre sol, il succombe sous la concurrence étrangère.

Nous pensons, nous, sans cependant être exclusif, qu'un grand état doit surtout favoriser le commerce intérieur, celui qui se fait entre ses diverses provinces; ainsi que les échanges qui ont lieu entre la métropole et ses colonies.

Nous pensons, en conséquence, que la France doit recourir à ses possessions intertropicales pour le sucre, le café, etc.; recevoir d'Alger les blés qu'elle tirait de l'Ukraine, les huiles que lui fournissait l'Italie, les cotons que lui envoyaient les États-Unis, l'indigo et la cochenille qui lui étaient apportés de l'Inde, et donner en échange ses vins, ses toiles, ses draps, ses bijoux, etc. Il est facile de prévoir quel mouvement un pareil système, à l'abri de toute concurrence étrangère, imprimerait à son industrie, quelle prospérité il procurerait à sa marine et à son commerce.

Peut-on nier qu'un pareil plan ne soit préférable à celui qui consisterait à abandonner ou laisser périr nos possessions d'outre-mer, à devenir tributaire de l'étranger pour tous les objets d'importation, et à exposer la prospérité de notre agriculture, de notre industrie, aux chances incertaines d'une concurrence dangereuse?

CHAPITRE II.

DES CAUSES QUI ONT EMPÊCHÉ LA FRANCE DE RÉUSSIR DANS LA FONDATION DE SES COLONIES.

Puisque, d'un côté la France n'a jamais eu plus besoin d'écoulement pour sa population, de débouchés pour les produits de son industrie; que de l'autre elle n'a jamais été maîtresse de possessions d'outre mer plus favorables à ce double objet; il nous semble qu'il n'est pas sans utilité de rechercher quelles sont les causes qui l'ont toujours empêchée d'obtenir dans la fondation de ses colonies, des succès que mille circonstances rendaient cependant si faciles.

Le moyen le plus sûr de remplir cette tâche est sans contredit de comparer la marche que nous avons suivie jusqu'ici et le système que les autres nations ont adopté.

De cette manière, éclairés et par les leçons du passé, et par ce qui se passe sous nos yeux, nous pourrons appuyer nos raisonnemens sur les faits et joindre l'exemple au précepte

Ce n'est pas le désir de critiquer qui nous met la plume à la main, nous n'avons l'intention d'offenser personne. Nous ne venons pas nous placer dans les rangs malheureusement trop nombreux de ceux qui attaquent toutes les institutions quelles qu'elles soient, qui ne vivent que de scandale, et n'ont d'autre but que de combattre le pouvoir et déconsidérer les administrateurs aux yeux des administrés.

D'un autre côté, la crainte de blesser quelques amours-propres n'a pas dû nous arrêter. La plaie que nous allons sonder est profonde et anciènne. Il faut la faire paraître au grand jour dans toute sa nudité et toute son étendue. Ce n'est qu'à cette condition qu'on peut espérer de la guérir.

Les causes qui jusqu'ici nous ont empêché de réussir non-seulement dans l'établissement et l'administration de nos colonies; mais encore dans toutes nos entreprises politiques, se trouvent, les unes dans les vices de notre gouvernement, les autres dans le caractère même de notre nation.

Pour peu que l'on connaisse l'histoire de notre nation et que l'on ait étudié son esprit, on ne peut s'empêcher de reconnaître que douée d'un grand nombre de qualités brillantes, elle ne possède cependant pas cet esprit de suite, et cette persévérance, sans lesquels il est impossible de fonder des choses grandes et durables. Elle semble plutôt faite pour changer et vaincre, que pour créer et conserver. Changeant toujours il arrive très-souvent qu'on détruit ce qui est mal; mais aussi il arrive également très-souvent qu'on détruit ce qui est bien. Ce changement continuel est lui-même un très-grand mal.

Jamais peuple n'a été moins libre. Il y a toujours une idée qui le domine. Malheureusement elle ne tarde pas à être remplacée par une autre qui exerce le même despotisme sur les esprits.

Il semble qu'en matière d'entreprises et de fondations les Français ne conviennent que pendant un temps donné. Il est admirable quand les grands obstacles sont à vaincre. Il ne connaît point alors de rival ; ses actions sont des prodiges. Mais, lorsqu'il ne s'agit plus que d'avoir de la constance, il devient, il faut l'avouer, inférieur à plusieurs autres peuples. Il est aussi difficile de le détourner d'un objet pour lequel il s'est enthousiasmé que de le ramener à celui qu'il a une fois abandonné. Non-seulement le moindre obstacle suffit pour le rebuter, mais le succès même ne peut souvent empêcher le dégoût de naître, et l'abandon d'en être le résultat.

Si nous jetons un coup-d'œil sur les autres nations, nous verrons que la Russie poursuit son agrandissement avec une constance et un succès remarquables. La Crimée, la Sibérie, deviennent des provinces puissantes et peuplées. Elle soumet à son pouvoir et à ses lois les Cosaques, les Mongols, les farouches habitans du Caucase, les peuplades mahométanes qui auparavant obéissaient à la Perse ou à la Turquie. Différence de mœurs, de climat, de religion, elle triomphe de tout, tant les liens avec lesquels elle s'attache ses conquêtes sont forts et bien combinés. Arrivés au Kamchatka, elle a franchi l'Océan et elle possède maintenant des colonies en Amérique.

L'Autriche, par une politique soutenue, est parvenue à former un empire formidable de provinces, qui n'ont ni la même origine, ni les mêmes mœurs, ni la même langue. Après tant de défaites elle est restée maîtresse du Milanais et l'arbitre de l'Italie.

Les États-Unis qui ne sont qu'une fédération composée d'États souverains, dont chaque constitution varie, dont les uns proscrivent l'esclavage, tandis qu'il est établi dans beaucoup d'autres; où l'on trouve toutes les sectes; où par conséquent il n'y a d'unité ni dans la loi, ni dans la religion, ni dans les mœurs, ni dans les intérêts, poursuivent cependant leur marche avec une stabilité, une constance admirables. C'est-là qu'il faut voir comment on bâtit des villes, on forme des provinces.

L'Angleterre a fondé et fonde encore tous les jours de nouvelles Angleterre. Si la vieille venait à périr par des révolutions physiques ou politiques, que de filles qui prendraient soin de sa mémoire, qui conserveraient immortels, sa langue, sa littérature, ses mœurs!

Et nous, après douze siècles de victoires, qu'avons-nous fondé? Où sont les monumens qui sur ce globe apprendraient à la postérité, si nous venions à périr, que la France a existé?... Où est la fille qui prendrait soin de sa mémoire?

Nous avons conquis onze fois l'Italie et nous l'avons toujous perdue. Et nous aussi, nous avons eu une nouvelle France; mais à quoi sert de donner son nom si on ne sait pas l'attacher?

L'époque la plus brillante de notre histoire est, sans contredit, celle de la révolution et de l'empire, et jamais peut-être le défaut dont nous parlons ne s'est fait plus sentir, même dans le héros qui a dominé notre siècle. Il est évident qu'il a manqué entièrement de cette qualité sans laquelle on ne peut rien fonder de grand. C'est ce qui fait qu'on l'a vu tour à tour renverser et relever l'Autriche: c'est ce qui fait qu'ayant été jusqu'à Moskou, il n'a pas su fonder la Pologne, et qu'ayant donné des couronnes il n'a pas su conserver la sienne. Toutes les traces des enfans gâtés de la victoire qui marchaient à sa suite ont été fugitives sur ce sol comme les sillons d'un vaisseau sur la surface de l'Océan.

Il faut en convenir, notre éducation morale et politique a fait de grands progrès. Nous commençons à perdre cette insouciance et cette légèreté qui nous rendaient célèbres en Europe et nous faisaient comparer à de grands enfans.

La nation s'occupe maintenant elle-même de ses intérêts. Elle n'écoute plus ceux qui veulent la tromper par la flatterie; elle ne prête son attention qu'à ceux qui cherchent à l'éclairer par la vérité.

C'est donc le moment de lui présenter le miroir. Il en est des peuples comme des individus; le plus grand service qu'on puisse leur rendre, c'est de leur offrir le tableau de leurs imperfections.

Heureux si nous pouvions contribuer à faire disparaître entièrement cette légèreté, cet amour du changement, qui rendent le succès si difficile dans toute entreprise qui exige du temps et de la constance.

Une critique commencée par la nation même à laquelle nous appartenons, ne blessera, nous l'espérons, aucune susceptibilité, maintenant qu'elle va s'étendre sur le gouvernement et l'administration.

CHAPITRE III.

CONTINUATION DU MÊME SUJET.

COMPARAISON DU SYSTÈME SUIVI PAR LA FRANCE ET DE CELUI ADOPTÉ PAR QUELQUES AUTRES NATIONS.

Les autres causes qui s'opposent à nos succès, en matière de colonisation, se trouvent, comme nous l'avons déjà dit, dans la marche suivie par le gouvernement. Pour en faire sentir tous les vices, nous allons commencer par examiner celle adoptée par les autres nations.

Voici, pour nous en tenir à ce qu'il y a de plus important, quelle a été la conduite des nations étrangères en ce qui concerne leurs colonies.

1 Elles les ont admises à participer à leur administration, à la confection de leurs lois, à l'assiette de leurs impositions.

2° Elles leur ont donné des formes d'administration simples et peu dispendieuses.

3° Elles choisissent avec un grand soin les chefs destinés à les régir, et prolongent assez leur commandement pour qu'ils aient le temps d'acquérir de l'expérience, et leurs administrés d'en profiter.

Quant à la Russie, il n'est pas de sa nature d'accorder à ses possessions éloignées des institutions libérales; et elle ne peut leur offrir la participation des siennes, puisqu'elle n'en possède pas elle-même. Mais elle les a douées au moins de la stabilité du despotisme, de la force de l'unité monarchique, des avantages d'un système simple, peu dispendieux et expéditif.

La France a fait justement le contraire de tout cela; dès lors, on devait nécessairement arriver à des résultats opposés.

Lorsque la Louisiane était française, elle était privée de toute institution propre et locale. Tant que cet état de choses a duré, c'est-à-dire, tant qu'elle nous a appartenu, elle est restée faible et languissante. Cédée aux États-Unis, elle a été admise dans la fédération. Comme membre de l'union, elle envoie des représentans au congrès; comme état souverain, elle s'occupe de sa législation particulière, de son administration, de ses impositions, etc. Depuis que cette nouvelle ère a commencé pour elle, ses progrès ont tenu du prodige.

Est-il difficlle de deviner pourquoi cet état stationnaire, lorsqu'elle était à nous, et pourquoi cette prospérité toujours croissante, depuis qu'elle ne l'est plus?

Les Anglais ont établi au Canada, à la Nouvelle-

Ecosse, des gouvernemens modelés sur celui de l'Angleterre. Le pouvoir législatif y est exercé par le roi, représenté par les gouverneurs, une chambre haute et une chambre des députés. Ces différentes contrées prospèrent. La Nouvelle-Écosse et le Canada ont maintenant une population de près d'un million d'habitans.

Le même système est établi à la Jamaïque, à Antigues, à la Barbade, en un mot dans les plus petites colonies anglaises.

Dans l'Inde, il est vrai, nous ne retrouvons pas le même système. Cela vient de ce qu'on n'y possède pas les élémens nécessaires pour le former. L'Angleterre a pensé, et avec raison, que dans un pays aussi étendu, aussi éloigné de la métropole, il était d'une saine politique de ne pas encourager la formation d'une population européenne. D'ailleurs la question ne pouvait pas être de peupler l'Inde, mais d'utiliser la population qui s'y trouvait déjà, et qui n'était que trop nombreuse. Mais remarquez avec quelle sagesse elle a administré ce pays. Elle a bien compris que ce qui convenait à l'Angleterre, ne pouvait lui convenir. Que c'était une autre nature, un autre climat, d'autres mœurs, d'autres préjugés, d'autres hommes. Elle a accepté les faits tels qu'ils existaient, et en a fait la base de sa conduite.

Les Indiens conservant leurs mœurs, leur culte, voyant leurs préjugés mêmes respectés par les vainqueurs, n'ont aperçu dans la conquête qu'un changement dans le personnel du gouvernement et dans les formes de l'administration.

C'est ce qui fait qu'avec 25,000 hommes de troupes européennes seulement, l'Angleterre conserve un pays immense où l'on compte plus de cent millions d'habitans.

Croit-on qu'elle fût parvenue à un résultat aussi étonnant, si, suivant les plans de quelques fougueux publicistes, elle eût commencé par établir le jury, la liberté de la presse, le pourvoi en cassation, et qu'elle se fût hâté d'abolir les distinctions des castes?

La cause qui ensuite a le plus contribué à la prospérité des possessions anglaises, c'est la simplicité de leurs formes administratives.

Il faut dire que dans tous les pays du monde, la simplicité des formes, la modicité du budget des dépenses qui en est le résultat, sont le signe caractéristique d'un bon système d'administration, on peut citer pour exemples la Suisse, les États-Unis, la Prusse, etc.

Les Anglais ont encore pour maxime d'éviter les changemens trop fréquens dans les employés; un gouverneur est ordinairement nommé pour sept ans, et il est souvent réélu. Ceci tient à ce principe, que pour bien administrer un pays, il faut le connaître; et qu'on ne peut le connaître qu'en y demeurant long-temps.

On voit donc que la principale cause de la prospérité des possessions britanniques vient de ce qu'elles jouissent d'institutions, d'assemblées législatives, au moyen desquelles elles participent à la discussion de tous les objets qui les intéressent, à la confection des lois locales, à l'assiette de leurs impositions.

De cette manière, les questions sont décidées sur les lieux et par les juges du lieu, seuls compétens, et les solutions sont toujours en harmonie avec les localités et la nature des choses.

On voit donc que la Louisiane, que les colonies anglaises prospèrent, parce qu'elles vivent d'une vie qui leur est propre.

CHAPITRE IV.

(Du même sujet.)

POURQUOI LES AUTRES NATIONS ONT OBTENU PLUS DE SUCCÈS QUE LA FRANCE.

Si nous examinons maintenant la manière dont la France a procédé et procède encore à l'égard de ses colonies, nous verrons qu'elle ne les a point dotées d'institutions locales et spéciales, qu'elle n'en a point appelé les habitans à participer à la discussion de leurs intérêts, à la confection de leurs lois : mais au contraire qu'elle a suivi, à leur égard, le principe de la centralisation dans sa plus grande rigueur; de sorte qu'elles n'ont possédé en elles-mêmes aucun principe de mouvement, elles ont vécu d'une vie empruntée. Les choses sont portées si loin à cet égard, que lorsqu'il s'agit, par exemple, de rétablir un pont emporté par une crue d'eau ou de faire toute autre construction d'une nécessité urgente, il faut que le devis, fait sur les lieux par les ingénieurs des ponts et chaussées, soit envoyé au ministère de la marine pour y être approuvé. Ce n'est que lorsqu'il est de retour, si toutefois il ne s'est pas égaré, après avoir couru les chances de deux navigations, après avoir parcouru quatre ou cinq mille lieues, qu'il peut être mis à exécution.

N'est-il pas également contraire aux règles du bon sens que leurs lois particulières et locales, soient l'ouvrage d'une commission uniquement composée d'Européens, qui siége à Paris à deux mille lieues des plus voisines?

Certes, M*** est un magistrat très-distingué. M*** est un député instruit et consciencieux: mais ce ne sont pas ces messieurs qui, réunis dans une des salles du ministère de la marine à des collègues généralement aussi étrangers qu'eux aux colonies, pourront s'occuper avec connaissance de cause de questions qui les concernent, c'est comme si, pour nous servir d'une comparaison triviale, un tailleur se chargeait de faire un habit pour une personne dont il n'aurait pas la mesure. L'habit paraîtrait toujours excellent jusqu'au moment où il serait question de l'adapter. C'est alors, et alors seulement, qu'on s'apercevrait qu'il est trop court ou trop long, trop large ou trop étroit, et force serait d'en faire un autre.

Aussi, on peut dire qu'il existe au ministère de la marine une fabrique toujours occupée de lois et d'ordonnances coloniales. Son travail ressemble à celui de Pénélope; il consiste à faire et défaire.

De là ces changemens continuels dans la législation et les formes administratives. Ainsi, en 1802 le pouvoir, dans les colonies, est confié à un préfet, un commissaire de justice et un capitaine général. A la restauration, ce mode est abrogé et remplacé par un gouverneur, un intendant et un conseil supérieur; ce qui est encore abrogé et remplacé par un gouverneur et administrateur réunissant tous les pouvoirs dans sa personne : ce qui est encore abrogé par l'ordonnance du 9 février 1827, établissant un gouverneur et trois chefs d'administration. Cette ordonnance est elle-même modifiée par celle du mois d'août 1830. Ce qui n'empêche pas qu'on ne sente aujourd'hui plus que jamais le besoin d'une nouvelle loi organique.

Il en est de même des autres branches. Ainsi on a institué, abrogé et rétabli les justices de paix.

Les tribunaux de première instance étaient composés d'un président et d'un substitut. Ils ont fait place à un juge royal et à un juge d'instruction. On a aboli les juges d'instruction et établi des lieutenans de juge. Enfin on a institué des juges auditeurs.

On a fini par promulguer une ordonnance volumineuse à la date du 24 septembre 1828 sur l'organisation judiciaire. L'application en a déjà fait voir tous les vices. La nécessité de nous restreindre ne nous permet pas de les examiner. Il nous suffira de dire qu'elle renferme plusieurs dispositions que repoussent les localités; tandis qu'au contraire elle a omis plusieurs dispositions fondamentales du système judiciaire de la métropole qu'aucune raison locale ne repoussait.

Les colons ne concourant point à l'assiette de l'impôt, c'est au ministère qu'on décide toutes les questions qui concernent le budget et le maniement des finances; aussi a-t-on souvent à se plaindre d'abus et de fausses mesures qui n'ont point lieu et qui ne peuvent avoir lieu dans les colonies anglaises.

Nous allons encore, pour ne pas trop nous étendre, nous borner à citer quelques exemples: Le ministère décide que M. le professeur P..... se rendra à la Martinique et à la Guadeloupe pour faire des essais sur la fabrication du sucre. M. P... se rend d'abord dans la première de ces deux colonies. Ses expériences coûtent beaucoup et n'ont pas de succès. Il ne s'en rend pas moins à la Guadeloupe pour les y répéter. Tout le monde se récriait. On disait, avec raison, que c'était faire une dépense inutile; que l'expérience faite à la Martinique devait suffire; que ce qui avait échoué dans une des îles ne pouvait réussir dans l'autre. Les chefs d'administration sentaient bien la force de ce raisonnement, mais les ordres du ministre étaient positifs. Le professeur se rend sur une des habitations appartenant à la colonie, et y fait faire les mêmes constructions qu'à la Martinique, y répète les mêmes expériences et obtient les mêmes résultats. Puis il part pour France. On est obligé de démolir promptement tout ce qu'il avait fait construire, pour rétablir ce qui avait été démoli, afin de pouvoir fabriquer la récolte, et il en coûte 60,000 francs à la colonie.

Parlerons-nous de frais de déplacement accordés à des personnes qui ne se sont pas déplacées?

Parlerons-nous des traitemens des trois chefs d'administration et du commandant militaire, coûtant à chaque colonie 30,000 francs chacun [1] ?

Parlerons-nous de places créées pour certaines personnes?

Un pareil système conduit à ces deux résultats qui en sont les conséquences funestes mais nécessaires. On s'habitue à mépriser les lois: on est disposé à sacrifier l'intérêt du gouvernement à celui des particuliers.

On méprise les lois, parce que les voyant se détruire mutuellement les unes les autres, on considère celles qui paraissent comme destinées à périr à leur tour, et on ne leur reconnaît point ce caractère de stabilité, qui seul peut inspirer le respect.

On sacrifie les intérêts du gouvernement à ceux des particuliers: c'est ce qui a lieu dans tout état despotique, et c'est ce qui n'a pas lieu dans un état républicain ou constitutionnel. Cela vient de ce que, dans un état despotique, le trésor appartient au gouvernement qui y puise, quand il lui plaît, et en dispose comme de sa chose et quand

[1] Ces traitemens ont subi une réduction par suite d'une ordonnance rendue sous le ministère du général Sébastiani.

il le juge à propos. Et, comme la faveur plutôt que la justice, le guide quelquefois dans la manière dont il en dispose, l'expert, par exemple, est persuadé qu'en décidant en faveur du Gouvernement, il ne fait que nuire à un particulier sans procurer aucun avantage à la chose publique.

Dans les pays, au contraire, ou les citoyens participent à l'assiette de l'impôt, ils considèrent, et avec raison, le trésor comme la chose publique, et ne sont jamais disposés à favoriser des particuliers à ses dépens, par cette maxime que l'intérêt de tous doit l'emporter sur l'intérêt d'un seul.

Administration, lois, mœurs, vertus privées et publiques, tout se tient dans l'édifice social. Un défaut dans une des parties se fait sentir dans toutes les autres, et atteint les individus eux-mêmes.

Lorsque les citoyens jouissent d'une certaine intervention dans le gouvernement, ils contractent l'habitude de s'occuper des questions d'un intérêt général. La communication des particuliers avec l'État fait naître la communication des particuliers entre eux. L'esprit d'association se forme, toutes les branches en profitent, surtout l'agriculture. Les découvertes utiles se propagent, les bonnes méthodes triomphent des vicieuses, les lumières se répandent.

Il n'en est pas de même, lorsque c'est le gouvernement qui agit. Il crut devoir, il y a quelques années, s'occuper de l'amélioration de notre agriculture. Le dessein était louable ; mais comment s'y prit-il ? On commença par former une commission de savans siégeant auprès du ministre, et l'on se mit à l'ouvrage. Le résultat fut une espèce d'instruction rurale signée du ministre, envoyée aux gouverneurs, et transmise ensuite par ceux-ci, aux commandans de quartier et aux principaux colons. Si l'on se fût adressé à un mauvais plaisant, et qu'il eût voulu profiter de l'occasion pour faire tomber le ministère dans le ridicule et faire rire à ses dépens, il n'aurait pas mieux réussi.

Croyant sans doute que les conditions du sol et du climat étaient les mêmes dans les Antilles qu'en Prusse, en Irlande, ou sur le plateau des Cordilières du Mexique, on recommandait aux habitans de se livrer à la culture des pommes de terre pour la nourriture des ateliers. On ne se rappelait pas sans doute que ce tubercule ne réussit pas dans les pays chauds ; que d'ailleurs les colonies possèdent la banane qui vient presque sans culture, la patate douce, le madere et l'igname dont les racines pèsent jusqu'à vingt liv., les malangas, etc.; enfin le manioc, celle de toutes les plantes connues qui, dans une portion de terre donnée, nourrit le plus grand nombre d'hommes.

On apprenait gravement aux colons, que les engrais tirés des parcs favorisent la végétation des cannes.

On leur conseillait, pour détruire les insectes, d'allumer la nuit, des feux autour des pièces de cannes, afin que les papillons et les mouches, qui produisent ces animaux nuisibles, fussent s'y brûler les ailes.

On proposait aux habitans, pour détruire les rats, l'introduction d'un animal qui leur fît la guerre. Lequel? c'est ce qu'on ne disait pas. Et dans le cas où ils ne pourraient point se procurer un pareil auxiliaire, on les engageait à employer un *secret* (ce sont les termes de la dépêche) connu des Anglais. On se disait : comment un moyen mis en usage par toute une nation, peut-il être un secret? et si c'est un secret, comme le prétend le ministre, avant de nous recommander de nous en servir, il faudrait nous le faire connaître.

On s'occupait ensuite de l'introduction d'un poisson d'eau douce, appelé *goromis*. Telle était sa fécondité, assurait-on, qu'introduit dans nos rivières, il remplacerait la morue que nous n'aurions plus besoin de tirer du dehors. Pour bien saisir tout le ridicule de la chose, il faut savoir que nos rivières ne sont que des torrens, et que la Guadeloupe seule consomme 3,966,441 kilog. de morue.

Cette instruction, qui formait une espèce de gros mémoire imprimé, était remplie de sottises et de naïvetés de ce genre. On aurait cru que c'était une plaisanterie sans le sérieux qu'y mettait le ministre, l'importance qu'il y attachait. C'était, disait-on, une preuve de sa sollicitude éclairée pour les colonies.

On ne doit pas considérer ce que nous avons dit comme des reproches adressés aux personnes. Ce sont des résultats nécessaires d'un système vicieux, le ministère voulant se mêler exclusivement de nos affaires, quoique aidé, tantôt d'une réunion de savans siégeant près de lui, tantôt d'une commission législative, a dû commettre beaucoup d'erreurs, quelquefois même des injustices, et nous avons vu qu'il n'avait pas su toujours se préserver du ridicule.

Si les colonies appartenaient à des états tels que la Prusse, la Russie et l'Autriche, elles ne jouiraient sans doute pas des institutions dont nous parlons; mais elles jouiraient au moins de la stabilité.

En France, les changemens de ministre sont continuels. Ils entraînent des changemens dans les autorités et les institutions locales; de sorte que les colonies ne possèdent ni les avantages du despotisme, ni ceux du gouvernement constitutionnel.

CHAPITRE V.

DE L'APPLICATION DU SYSTÈME REPRÉSENTATIF A L'ÎLE DE BOURBON, LA GUADELOUPE, LA MARTINIQUE ET LA GUYANE FRANÇAISE.

Tout ce que nous avons dit jusqu'ici nous paraît prouver suffisamment combien il serait sage et utile de faire jouir nos colonies des bienfaits du système représentatif. Nous allons examiner la question sous un autre point de vue, celui du droit. Il y a nécessité pour les chambres de s'occuper des colonies pendant cette session. Cette obligation, si elle ne résultait pas d'une délibération antérieure, leur serait imposée par le sentiment de leurs devoirs et l'état alarmant de nos possessions d'outre mer.

Les colonies, on ne saurait se le dissimuler, sont dans un état d'exaltation et de crise.

Des rixes continuelles ont lieu entre les hommes de couleur et les blancs. Les patronnés s'en mêlent.

La contagion gagne les ateliers; les liens moraux se relâchent. La discorde, la haine, remplacent la concorde et la bienveillance; et, si le remède se fait trop long-temps attendre, il est à craindre que des contrées où régnaient une paix si profonde et une si grande sécurité, ne deviennent le théâtre de révoltes et de discordes sanglantes. Encore quelque temps, et il ne sera plus au pouvoir du législateur de réparer le mal, et le gouvernement n'aura plus que la triste mission de réprimer, tandis qu'avec moins de faiblesse et plus de prévoyance, il lui aurait été si facile de prévenir.

Cet état d'anarchie vient de ce qu'on a annoncé l'intention de détruire plusieurs bases du régime. C'était en effet détruire, mais d'une manière vague et indéterminée; de sorte qu'il y a absence d'organisation. On ne sait sur quoi s'appuyer. L'imagination, que rien ne borne plus, enfante des espérances exagérées, des craintes funestes, des haines, des jalousies. De là ce défaut de confiance qui paralyse le commerce et l'agriculture, ces haines qui font naître les rixes.

Il est donc urgent de s'occuper de l'organisation des colonies.

L'article 64 de la Charte s'exprime ainsi :

« Les colonies sont régies par des lois particulières. »

Il résulte de ce texte si clair, que les colonies ne peuvent demeurer plus long-temps sous le régime des ordonnances. Comment doivent être faites ces lois particulières destinées à les régir? Voilà la question.

Deux systèmes se présentent : 1° Assimilation des colonies aux départemens et admission de leurs députés dans la chambre ; 2° Etablissement de législatures locales.

Le but de ce chapitre est de comparer ces deux systèmes entr'eux.

Quelques personnes ont cherché à démontrer l'impossibilité du premier. D'autres, au contraire, se sont efforcés de démontrer l'impossibilité du second.

Les chambres, disent ces dernières, sont investies du pouvoir législatif; mais elles n'ont pas le droit de le déléguer. Elles ne peuvent, par conséquent, conférer à une assemblée de Bourbon et de Cayenne, le privilége de concourir, avec l'autorité royale, à la confection de la loi destinée à régir ces contrées.

Ce raisonnement ne peut soutenir le plus léger examen ; ceux qui l'ont fait ont évidemment pris l'effet pour la cause.

Le principe, c'est que tout Français a le droit de concourir à la confection de la loi destinée à le régir, à l'assiette et à la répartition de l'impôt qu'il doit supporter.

Les chambres ne sont que le mode d'application de ce principe.

De sorte que, si des Français forment un établissement à une trop grande distance de la Métropole pour que le principe puisse, en ce qui les concerne, recevoir son application par le moyen des chambres, il faudra nécessairement recourir à un autre, parce que le principe doit passer avant tout ;

parce qu'il est imprescriptible. Ce moyen, c'est une législature locale. Les chambres en l'instituant ne feraient donc point une délégation; elles ne feraient que sanctionner un droit, qu'établir le mode dans lequel il doit être exercé.

S'il en était autrement, les colons ne seraient pas Français et citoyens, ils seraient sujets.

Bien entendu que la législature locale ne s'occuperait que de questions locales et de régime intérieur. De cette manière, tout serait concilié. Les Métropolitains ne pourraient pas se plaindre, puisqu'ils ne seraient point régis par les lois particulières votées par la législature locale. Le colon ne le pourrait pas davantage; plus mal partagé, puisqu'il n'aurait aucune participation directe dans la discussion des questions extérieures et mixtes, dans la fixation des droits de douanes, dans la confection de la loi civile qui régit sa fortune, de la loi criminelle qui intéresse sa vie et son honneur, il ne pourrait cependant s'en prendre qu'à des obstacles physiques, indépendans de la volonté de l'homme.

Nous avons déjà, dans un autre écrit, fait connaître en partie quelles étaient les raisons qui nous engageaient à donner la préférence au second mode sur le premier. Nous ne ferons donc ici que les indiquer succinctement.

A cause de la grande distance des colonies, et surtout de Bourbon à la France, les députés colons ne pouvant retourner chez eux dans l'intervalle des sessions, un colon ne pourrait accepter la députation sans s'expatrier de la colonie, sans abandonner ses affaires pendant cinq ans. On conçoit la grandeur d'un pareil sacrifice; peu de personnes seraient en état de le faire. Le choix des électeurs serait dès lors circonscrit dans un si petit nombre d'individus qu'il cesserait d'en être un; ce qui est un des plus grands vices que puisse renfermer un système représentatif.

Il ne s'agirait pas de choisir le plus éloquent, le plus instruit, mais de nommer celui à qui la fortune permettrait d'aller à Paris passer cinq ans loin de la colonie et de ses affaires.

On sent qu'on ne remédierait pas à cet inconvénient en accordant un passage gratis aux frais de l'état, et même un logement comme on l'a proposé.

Lorsqu'une chambre serait dissoute ou qu'un député viendrait à mourir, il s'écoulerait un temps considérable avant qu'il pût être remplacé.

On répond à cela en disant, que lorsqu'une chambre serait dissoute, les députés colons continueraient à siéger jusqu'à ce qu'ils eussent été réélus ou que ceux chargés de les remplacer fussent arrivés. Il nous paraît évident que ceci est contraire à l'esprit et à l'économie du gouvernement représentatif. D'abord que signifie cette dissolution dont les effets immédiats pour les uns, sont suspendus pour les autres? Quelle figure feraient dans la chambre, expression nouvelle de la volonté du pays, ces débris de l'ancienne?

Un autre inconvénient non moins grand, c'est qu'au bout de trois ou quatre ans d'absence, on n'est plus au fait de ce qui se passe dans un pays, et on n'en peut plus représenter l'esprit.

Les députés envoyés des colonies pourraient fort bien manquer des connaissances spéciales nécessaires pour discuter les intérêts de nos départemens, et leur présence à la chambre ne donnerait certainement pas à leur collègues métropolitains les connaissances nécessaires pour s'occuper avec fruit des questions du régime intérieur des colonies.

L'autre système, au contraire, présente d'immenses avantages. Nous allons d'abord examiner quelques objections qui lui ont été faites:

On dit que, si les colonies possédaient des assemblées législatives, elles en profiteraient pour se détacher de la Métropole. Ceci ne mérite pas une réfutation sérieuse. Le peu d'étendue de nos colonies, la diversité qui règne dans la population rendent ridicule une pareille crainte. Il est inutile de parler de l'attachement des colons à la Métropole, de leurs habitudes, de mille autres raisons; ce serait abuser de la patience du lecteur.

On prétend encore que, si les colonies obtenaient une législature, elles en profiteraient pour rester stationnaires, c'est une erreur; et d'abord expliquons-nous. Quel est celui qui manifeste cette crainte? Est-ce un disciple de Saint-Simon, un républicain, un ultra libéral, ou est-il du juste-milieu? Car maintenant en France les mots changent d'acception suivant les bouches qui les prononcent. L'un trouve que vous avancez trop vite, tandis que l'autre trouve que vous rétrogradez. On adresse tous les jours le même reproche à bien d'autres que nous, pour plusieurs de nos jeunes politiques avancer c'est courir : s'ils étaient chargés du char de l'état, ils le conduiraient sans doute comme leur devancier Phaéton conduisit celui du soleil. Mais les hommes sensés ne se laissent pas aller à de pareilles déclamations, ils jugent froidement et d'après les faits.

Nous pouvons assurer que le reproche n'est pas fondé. L'éducation européenne que reçoivent tous les jeunes colons, le désir si bien senti, l'intérêt si bien compris, de se rapprocher de la Métropole, l'influence du gouvernement toujours puissante dans les colonies, sont des causes qui agiront d'une manière lente mais salutaire et assurée.

Nous pensons, nous, qu'il n'y a de progrès possibles qu'avec les assemblées locales; parce qu'il n'y a de véritables améliorations que celles qui naissent sur le sol. Les autres ressemblent trop à des secousses. En marchant vers le mieux sur un terrain qu'on ne connaît pas, on s'expose à faire fausse route.

Le grand avantage du système représentatif, c'est de semer les questions avant de les résoudre: c'est de préparer les esprits à recevoir les solutions avant de les donner : En un mot, c'est de faire marcher ensemble l'opinion, les mœurs, la législation.

Il est évident que les colonies retireraient tous ces avantages d'une assemblée locale. Elles n'en retireraient au contraire aucun de l'envoi de représentans à la chambre; parce que celle-ci siége à une trop grande distance; que les questions coloniales y seraient comme perdues dans la foule; que les décisions arriveraient comme inattendues, sans que rien eût préparé les esprits à les recevoir.

D'ailleurs, une fois qu'une colonie aurait nommé deux ou trois députés, que ceux-ci seraient partis pour France tout serait dit. Il n'en résulterait aucune influence morale pour leurs concitoyens; tandis qu'au contraire vingt, trente colons, l'élite de leur pays se réunissant tous les ans pour s'occuper des objets présentés à leur examen par ordre de Sa Majesté, au sein de la colonie, en présence de leurs compatriotes, retournant ensuite dans leurs quartiers respectifs, faisant connaître à leurs voisins les motifs de leurs opinions, et recueillant leurs avis, feraient naître ce mouvement moral intérieur qui est la vie d'une société quelconque. La communication des particuliers avec le gouvernement produirait celle des particuliers entre eux. les succès, les améliorations dans toutes les branches deviendraient plus faciles, parce qu'il y aurait communauté d'efforts, unité d'action, et qu'on marcherait toujours éclairé du flambeau de l'expérience.

Des personnes trouvent l'envoi de représentans à la chambre, impossible. D'autres, au contraire, trouvent la législature locale impossible. Enfin, certaines personnes trouvent l'un et l'autre impossibles. Suivant nous, il n'y a qu'une chose impossible : c'est que les Français des colonies restent privés de toute participation à la confection de leurs lois. Nous en prenons la chambre à témoin.

Il ne peut donc être question que d'opter entre les deux modes que nous venons de discuter. Nous croyons avoir démontré que le second doit être préféré.

Le conseil des délégués, aussitôt sa formation, écrivit au ministre de la marine pour lui dire qu'il demandait, qu'avant tout, on s'occupât de faire jouir les colonies des bienfaits du système représentatif.

Le ministre reconnut la justice de cette demande, et chargea le conseil des délégués de préparer un projet de loi sur cet objet. Il s'en occupa, examina les deux modes dont nous venons de parler et se décida pour le dernier. Le projet terminé fut remis au ministre.

Les délégués des colonies, chargés de rédiger un projet de loi pour les colonies! vraiment il avait fallu les événemens de juillet pour produire un pareil phénomène. C'était renverser toutes les anciennes maximes, c'était entrer dans une route nouvelle.

Le ministère ne tarda pas à en être effrayé, il recula. La commission de législation fut réformée et portée à treize membres.

Elle rédigea un projet sans trop s'occuper du nôtre; elle trouva impossible que nous eussions des représentans à la chambre; impossible que nous eussions une représentation locale.

Son projet assez long déploie un grand luxe d'électeurs et d'éligibles, pour arriver à quoi? à une espèce de comité consultatif et au régime des ordonnances auquel la Charte de 1830 nous a soustrait pour toujours.

Si nous avions joui d'une représentation quelconque et qu'elle eût été chargée de la détruire, elle n'aurait pu mieux s'y prendre. Elle a travaillé pour refuser, et non pour accorder.

Le projet de la commission est donc en dehors de la question, et nous ne nous en occuperons pas.

En tout il faut de la bonne foi, et lorsqu'on a posé un principe il faut en admettre les conséquences.

Si on se décide pour une législature locale, il faut nécessairement lui attribuer le droit de voter les lois de régime intérieur et l'impôt.

Mais que faut-il entendre par lois de régime intérieur? Toutes celles qui statuent sur des objets spéciaux aux colonies, tels que l'esclavage, l'état des personnes non libres et tout ce qui concerne cette classe, les formalités de l'affranchissement, etc. Ce dernier objet est le seul qui puisse présenter des difficultés. Une distinction va les lever.

Il faut bien distinguer la liberté naturelle et les droits civils et politiques. Lorsqu'il s'agit de rendre un esclave libre, c'est-à-dire de détruire son esclavage, on est évidemment dans le domaine des lois coloniales; mais, lorsqu'il est question d'accorder les droits civils ou politiques, on entre dans le domaine des lois métropolitaines. La loi locale seule peut faire cesser l'esclavage, parce que l'esclavage est de son domaine. La loi métropolitaine seule peut conférer les droits civils et politiques, parce que seule elle peut faire un citoyen français. Ainsi une loi qui règle les formalités de l'affranchissement est du régime intérieur.

Une loi qui statue sur les affranchissemens, leur accorde les droits civils ou politiques, est du domaine de la législation métropolitaine.

C'est ici que des hommes de bien et amis de l'humanité pourraient s'alarmer, et craindre que les colonies, si elles disposaient des formalités de l'affranchissement, ne les rendissent impossibles. Nous pouvons les rassurer: — D'abord, les assemblées coloniales ne peuvent détruire les lois qui existent, en faire de nouvelles sans la présentation et la sanction de Sa Majesté.

Ensuite, la disposition des habitans à affranchir leurs esclaves est beaucoup plus grande qu'on ne pense; le nombre considérable de patronnés qui existent dans les colonies, celui des demandes d'actes d'affranchissement qui se trouvent dans les cartons des procureurs généraux, sont les preuves matérielles de ce que nous avançons.

S'il en était ainsi lorsque les lois, qui étaient l'ouvrage de la Métropole, s'opposaient aux affranchissemens, que sera-ce maintenant ?

On concevrait quelqu'un qui dirait :

Les droits dont vous parlez à une certaine époque, nous les avons invoqués pour nous, nous les avons maintenant, mais nous ne voulons pas vous les accorder; nous voulons vous régir d'après notre bon plaisir.

Nous concevrons encore qu'usant toujours de la même tyrannie, on voulût affranchir nos esclaves, quelles qu'en fussent les conséquences. Ce serait du despotisme, mais ce serait de la franchise; ce serait de l'injustice, mais ce ne serait pas de l'inconséquence.

Mais nous ne concevrons pas, si on veut respecter les droits acquis, comme ce n'est pas douteux; si on veut améliorer, mais en même temps éviter les catastrophes; si on est convaincu qu'une législature locale est de toutes les institutions la meilleure, nous ne concevions pas, disons-nous, qu'on voulût refuser aux colonies ce qui concerne les affranchissemens, parce que nous ne concevrons jamais qu'on pose un principe, et qu'on en nie la conséquence. Ce serait même impolitique, car, si les colons s'apercevaient qu'on voulût employer la contrainte, ils seraient moins disposés à accorder des libertés. L'esprit humain est ainsi fait. Qu'on soit donc, si non généreux envers les colonies, du moins juste. Il n'y a d'utile que ce qui est juste.

Une des attributions qu'on paraît éprouver le plus de répugnance à accorder aux colonies, est le vote de l'impôt. On donne pour raison qu'elles pourraient, en faisant usage de ce droit, paralyser l'action du gouvernement.

Il est, il faut en convenir, singulier que l'on ne veuille pas accorder un droit, parce qu'on pourrait en faire usage.

Ce raisonnement est celui de tous les souverains despotiques de l'Europe. Les chambres se rappelleront que c'est le même qui leur fut opposé à une époque célèbre. Elles ne voulurent pas alors l'accepter pour la France. Elles ne l'accueilleront pas maintenant qu'il s'agit des Français des colonies.

Nous le demandons aux personnes de bonne foi, les colons ne sont-ils pas aussi intéressés que le ministre de la marine et qu'un gouverneur, à ce que la marche de l'administration ne soit pas paralysée, et le sort des colonies compromis.

Nous le demandons aux personnes qui se connaissent un peu en matière de gouvernement, si le roi seul a le droit de fixer l'impôt, où sera la barrière opposée aux abus?

Si le roi seul a le droit de fixer la quotité de l'impôt, les colons seront donc *taillables à merci*, suivant l'expression trop fameuse d'un magistrat. Aura-t-on le courage de demander aux chambres la sanction d'un pareil principe?

D'ailleurs, cette attribution est bien moins étendue qu'on pourrait le penser. La plus grande partie des revenus d'une colonie consiste dans les droits de douanes, et tout ce qui concerne les douanes et leur tarif, est essentiellement et exclusivement du domaine des lois métropolitaines.

Seulement l'assemblée coloniale concourrait avec le gouvernement dans l'emploi des produits, qui serait de cette manière plus rationnel et mieux adapté aux véritables besoins de la colonie, que s'il était exclusivement réservé à l'administration.

Nous croyons inutile de combattre l'article 6 du travail de la commission, d'après lequel, lorsqu'un projet, présenté à l'assemblée coloniale aurait été rejeté, le roi pourrait passer outre. Ce serait faire injure à la chambre. La commission a fait un travail négatif. Elle ne s'est occupée des demandes des colons que pour les rejeter, de leurs droits, que pour les paralyser.

Nous serions tentés de croire que plus d'un de ses membres, qui sans doute croient les créoles fort arriérés, ne sont pas encore parvenus eux-mêmes à se familiariser avec le système représentatif, à le considérer sans effroi, à ne pas frissonner, dès qu'il s'agit de porter le moindre obstacle aux volontés du gouvernement.

Les commissions, qui ont siégé près du ministère de la marine, ont plus d'une fois commis des erreurs déplorables. Elles se sont prononcées contre l'inamovibilité des magistrats; elles ont décidé que les présidens des cours royales seraient changés tous les trois ans, comme les régimens changent de garnisons; elles ont rédigé ces dispositions législatives qui déclaraient les colons incapables des premières fonctions de la magistrature, et tout à la fois proscrivaient le mariage, encourageaient les unions illicites et insultaient à nos familles, en punissant de la perte d'un tiers de son traitement le juge métropolitain qui épousait une créole. En France, comme à la Guadeloupe, on eut honte de leur ouvrage. Les fameux articles furent rapportés, mais sous un autre ministre; celui qui y avait apposé son nom aura éternellement à se reprocher d'avoir fait signer à son souverain un acte qui insultait à ses sujets, à la morale de ses peuples et à la religion de ses pères.

Et cependant M. Hyde de Neuville, car c'est de lui dont il s'agit, est doué du plus beau caractère, animé des plus nobles sentimens; tous les partis se sont plus à le reconnaître.

Ceci fait voir combien notre système est vicieux, puisqu'il conduit à des résultats aussi déplorables même les chefs les plus distingués.

Une question fort importante est celle du cens pour l'élection et l'éligibilité. Quelques personnes voudraient singulièrement restreindre les conditions. Elles donnent pour motif que les hommes de couleur possédant une masse de propriétés moins considérable, il faut un système électoral plus large, afin que les hommes de couleur aient une représentation égale à celle des blancs. Il est bien singulier que ce soient les-mêmes personnes qui font tant d'efforts pour effacer la distinction des classes, qui l'invoquent dans cette circonstance, et veulent la rendre éternelle en la faisant sanctionner par la loi elle-même.

Nous leur répondrons que, si le nombre des propriétairés blancs est plus considérable que celui des propriétaires de couleur, il est naturel et juste qu'il y ait un plus grand nombre d'électeurs de la première classe que de la seconde; que ce qu'ils demandent serait une supériorité, un privilége, puisque les hommes de couleur n'étant pas plus nombreux que les blancs et ayant moins de propriétés, auraient cependant une représentation égale.

Il est absurde de vouloir établir une représentation blanche et une représentation rouge. Une loi électorale doit avoir pour base l'état moral de la société. On comprendra facilement que, dans un moment où il existe tant d'excitation, lorsqu'un grand nombre d'individus va être admis pour la première fois à exercer les droits politiques, au début du système représentatif, les conditions pour être électeurs et éligibles ne doivent pas être rendues trop faciles. Il vaut mieux, en commençant, rester en deçà du but que de le dépasser.

Le conseil des délégués, en proposant une base, a été dirigé par une expérience que rien ne peut remplacer en pareille matière.

Toutefois, nous pensons que le prix des patentes de cabaret ne doit pas être compris dans le cumul, et ne doit avoir aucune influence sur la capacité électorale. Voici nos raisons :

Les cabarets qui ne sont que des boutiques où l'on ne vend que du tafia [1], sont un fléau pour les colonies; ils multiplient les embarras de la police, nuisent à l'accroissement de la population : c'est là que les soldats et les nègres vont puiser les germes de presque toutes les maladies qui les détruisent.

L'ivrognerie faisait tant de progrès aux États-Unis, qu'on fut obligé d'établir des sociétés de tempérance. On ne trouva pas de moyen plus puissant pour la combattre que de jeter la déconsidération sur les cabaretiers. Ils sont maintenant si mal vus que, dans beaucoup d'endroits, personne n'ose exercer ce métier, malgré les profits qu'il procure.

Imitons cet exemple dans les colonies, ou du moins n'encourageons point les cabaretiers. Et ne serait-ce pas le plus beau des encouragemens que de comprendre dans le cens le montant des impositions dont ils sont frappés ?

D'ailleurs, l'expression *patente de cabarets* est impropre, c'est plutôt une licence. On tolère les cabarets comme on tolère les maisons de jeu.

Dans un temps où l'on fait de toutes les questions des questions de personnes, on pourrait,

[1] Eau-de-vie de cannes.

laissant de côté la justesse de notre observation, ne voir en nous que le désir d'exclure les hommes de couleur. Nous nous hâtons, en conséquence, d'avertir que les cabaretiers blancs sont bien plus nombreux que les autres, parce que ce métier est en général exercé par d'anciens militaires et de petits pacotilleurs.

Le conseil des délégués a examiné la question de savoir s'il convenait d'établir deux chambres comme dans les îles anglaises, ou de se borner à une seule. Il s'est décidé pour ce dernier parti, parce qu'il lui a paru présenter plus de simplicité. Les chambres pourront choisir le mode qui leur paraîtra le plus convenable.

Nous devons examiner les craintes exagérées de quelques personnes.

Le régime que vous voulez établir dans les colonies disent-elles est celui qui a déjà causé leur ruine. Les assemblées coloniales établies en 91 n'ont produit que des malheurs.

C'est précisément comme si, à la restauration, on avait voulu refuser à la France les institutions libérales, parce que l'essai en avait été infructueux au commencement de notre révolution, et avait entraîné l'anarchie et le règne de la terreur.

Nous répondrons, d'ailleurs, que c'est en France et non à Saint-Domingue qu'il faut chercher les causes qui ont perdu cette colonie.

Que l'on veuille débuter avec précaution : que l'on ne soit pas trop facile pour les conditions de capacité, c'est de la prudence et de la raison; mais que l'on ne veuille rien établir ou que l'on ne veuille établir qu'un comité consultatif, ce qui existe depuis douze ans, et ce qui est égal à zéro, il nous semble que c'est trop céder à la peur.

Examinons donc cette législature coloniale qui paraît si effrayante à quelques personnes et surtout aux membres de la commission, c'est en réalité bien peu de chose. La France s'occuperait seule, non-seulement de toutes les questions qui lui sont particulières, mais de toutes celles où son intérêt se trouverait mêlé avec celui des colonies quel que faible que fût le sien, quel que grand que fût le nôtre; lors même que le premier serait au second comme l'unité est à l'infini.

Quelles seraient les attributions de la législature qu'il s'agit d'établir? uniquement de s'occuper concurremment avec le gouvernement d'objets intérieurs, tels que les réglemens de police, le régime des noirs, l'assiette et la répartition de l'impôt local; mais les lois civiles et criminelles, les tarifs, les droits de douane, l'organisation judiciaire, ce qui concerne les milices, la défense des colonies, leur commerce, leurs relations avec l'extérieur, etc. Tout cela serait réservé exclusivement à la Métropole.

Certes, il faut convenir que la portion que nous réclamons est bien minime, et qu'il y aurait bien peu de justice et de générosité à nous la refuser.

Une réflexion seule suffirait pour bannir toute

crainte, c'est que l'institution que nous réclamons a déjà subi l'épreuve du temps. Nous avons fait voir, en parlant du système suivi par les Anglais, quelle prospérité elle a procurée à leurs possessions; elle est attestée par tous les voyageurs. M. Ney, en arrivant à la Nouvelle-Écosse, fut surpris de la beauté des canaux construits sous la direction de l'assemblée provinciale dont les devis n'avaient certainement pas été envoyés en Angleterre pour être soumis au colonial office. Cette admission des gens du lieu, des parties intéressées, à la discussion des objets qui les concernent, est le principe de vie le plus fécond qui puisse animer une société.

Sans doute il y a quelquefois diversité d'opinions entre le gouverneur et l'assemblée ; mais c'est ce choc tout pacifique et légal qui fait jaillir la lumière. Le mouvement est un moment arrêté par ces forces opposées, qui s'équilibrent; mais cela n'arrive que dans les questions difficiles. Ce repos est alors nécessaire pour que les questions parviennent à la maturité qu'exigent les solutions, pour que la vérité ait le temps de se faire reconnaître. Sans le mouvement imprimé par le poids, sans celui du pendule qui l'arrête à chaque instant, les aiguilles d'une horloge ne pourraient marquer les heures : elles iraient toujours, il est vrai, mais sans règle et sans frein.

C'est ici le lieu de détruire quelques notions erronées que l'on paraît avoir conçues au sujet de la Jamaïque.

On a prétendu que la législature de cette Colonie avait toujours opiniatrément rejeté toutes les améliorations proposées par la Métropole. On prétend même qu'elle n'est pas éloignée d'une séparation.

En ce qui concerne le premier reproche, nous dirons que la législature de la Jamaïque a montré le plus grand désir de complaire au gouvernement. Ainsi, elle a pris, pour me servir de l'expression anglaise, une résolution pour abroger les marchés qui se tenaient les dimanches, une autre pour admettre le témoignage des esclaves en justice, une autre sur l'instruction religieuse, etc. Enfin, elle a accordé les droits politiques aux hommes de couleur; mais, chose étrange, ne pouvant prendre l'initiative pour ce qui concernait les Juifs établis dans l'île, parce que cet objet n'était pas de sa compétence, elle a prié la Métropole de leur accorder les mêmes droits, et ne l'a pas obtenu. Voilà comme chacun est libéral à sa manière.

Maintenant il faut savoir qu'il existe en Angleterre plusieurs sectes assez fanatiques. Les journaux ont amusé le public, pendant plusieurs jours, des folies du pasteur Troing et de son troupeau, et de la langue inconnue dont ils prétendent avoir reçu le don. Une de ces sectes a voulu exploiter les missions. Le gouvernement pense qu'elle est utile à la colonie, veut qu'on lui accorde toute protection, et qu'on lui livre les nègres. La législature veut s'en tenir aux pasteurs ordinaires, et croit que les sectaires troublent la raison des noirs, leur inspirent la terreur, l'hypocrisie, une obéissance sans bornes à leurs volontés, et veulent en un mot prendre la place des maîtres, et faire servir le ciel à leurs intérêts. Elle repousse une triste parodie du christianisme, plus propre à produire le mal que le bien.

De quel côté est la raison? Les membres du ministère anglais ont-ils eu la volonté, le temps, l'occasion de connaître cette secte, d'étudier l'action qu'elle exerce sur les esprits simples des nègres? Il est permis d'en douter.

Voici comment s'exprime le *London Magazine*:

« Le capitaine Bocchey, qui a visité l'île d'Otahiti, représente, sous des couleurs très-défavorables, les missionnaires qui se sont en quelque sorte rendus maîtres de cette île : et en cela il est d'accord avec Kotzebue. Il compare l'état de cette petite société, lorsqu'elle fut découverte par Walles, et ensuite visitée par Cook, avec celui dans lequel elle se trouve maintenant. La différence est affligeante.

« Les amusèmens innocens auxquels les Otahïtiens étaient accoutumés ont été proscrits par les missionnaires, et remplacés par l'indolence et l'apathie. Cette simplicité de caractère qui faisait excuser leurs fautes, s'est changée en ruse et en hypocrisie. L'ivroguerie, la misère, les maladies ont diminué la population d'une manière effrayante. Ce qui en reste n'occupe plus que le plat pays, et se trouve soumis aux sept établissemens des missionnaires qui se sont emparés du peu de commerce qu'ils faisaient; tiennent les boutiques et ont établi un monopole sur tous les bestiaux de l'île.

La population qui, en 1797, s'élevait à 16,050 habitans, est maintenant réduite à 5,000.

Telle est, depuis l'arrivée des missionnaires, la situation d'une île si favorisée de la nature, que la description qu'en firent les premiers navigateurs qui la visitèrent, semblait plutôt convenir à la fable qu'à la réalité.

Les missionnaires, du reste, imposent à leurs insulaires un grand nombre de pratiques religieuses, et se vantent de leur avoir enseigné une nouvelle religion.

Si les missionnaires se conduisent de cette manière à Otahïti, ne serait-il pas possible qu'il en fût de même à la Jamaïque? et alors ne serait-ce pas les membres de la législature qui sont sur les lieux, qui auraient bien vu, et les ministres qui sont dans leurs palais, à Londres, qui se seraient trompés?

Mais il s'est passé un fait à la Jamaïque et dans plusieurs autres colonies britanniques, dont les journaux anglais ont rendu compte. Ces récits, mal interprétés, auront probablement fait naître les préventions que nous combattons.

Pour bien comprendre ce dont il s'agit, il faut

savoir que les Antilles anglaises sont, depuis quelque temps, l'objet de violentes diatribes. On les a représentées dans les deux chambres, comme à charge à la métropole. On a attaqué leur régime avec autant d'ignorance que de méchanceté. On n'a épargné à leurs habitans ni injures, ni calomnies. C'était comme en France, une mode, une fureur. Jusqu'aux trafiquans de bourgs pourris, qui, tout en s'opposant à la réforme en Angleterre, voulaient faire de la popularité aux dépens des planteurs.

Les colons, indignés de pareils outrages que des Anglais ne sont pas accoutumés à supporter, harcelés par la bigotterie inquisitoriale et intéressée des missionnaires, mécontens de la faiblesse du gouvernement, ont formé des réunions à la Jamaïque, à la Grenade, à la Barbade, à l'effet de faire connaître leurs doléances au gouvernement de Sa Majesté, et de lui faire savoir que, quelque chagrin qu'ils éprouvassent à voir rompre les liens qui les attachaient à la mère-patrie, cependant, si le régime des colonies répugnait à sa conscience, si elle croyait qu'elles lui fussent à charge, elle était suppliée de vouloir bien les délier de leur serment d'allégeance.

Ce langage paraîtra convenable et respectueux si on remarqne la relation qui existe entre la conclusion et les prémices. Ce n'est pas une loi qu'on veut imposer, c'est au contraire une loi qu'on accepte. Si, en effet, une Métropole pense que le régime d'une colonie est contraire à sa conscience, si elle pense que cette colonie lui est à charge, il est évident qu'un motif de délicatesse seule peut l'empêcher de l'abandonner, n'est-ce pas la metrte à son aise que de demander cet abandon; mais comment les colons le demandent-ils? dans le cas où on éprouverait de la répugnance pour leur régime et qu'on les croirait à charge à la mère-patrie. C'est lui offrir le moyen de satisfaire tout à la fois et à son intérêt et à ses scrupules, c'est la laisser juge de la question. Et quel langage plus simple que celui-ci : Si je vous suis à charge, débarrassez-vous de moi.

Nous ferons une dernière réflexion, elle est décisive : c'est que la démarche des colons anglais est indépendante de toute législature. Ils l'auraient faite lors même qu'il n'en aurait pas existé. Les hommes de couleur de la Martinique ont-ils attendu l'établissement d'une législature pour faire connaître leurs griefs au gouvernement et à la France? Un de leurs mandataires ne vient-il pas, au nom de ses commettans, de faire entendre au ministre de la marine un langage bien autrement menaçant? L'Angleterre paraît prêter une sérieuse attention aux plaintes des colons. Les droits qui pesaient sur leurs sucres viennent d'éprouver une diminution considérable.

Ainsi donc, messieurs nos aînés, ne vous effrayez pas tant de ce mot *législature* : jetez les yeux sur celui qui le suit : *locale*. En réalité, c'est bien peu de chose; c'est un atome auprès de votre immense prépondérance; personne ne s'en apercevra en France, excepté les bureaux de la marine. Vous avez conquis ces droits, patrimoine des nations, n'imitez pas l'exemple de ceux qui vous les refusaient. Rappelez-vous que vous n'êtes pas nos maîtres, mais nos concitoyens, nos frères.

CHAPITRE VI.

DE LA DÉSERTION DES NÈGRES FRANÇAIS ENCOURAGÉE PAR LA POLITIQUE ANGLAISE.

La Guyane, la Martinique, la Guadeloupe, éprouvent depuis quelque temps un fléau inconnu jusqu'ici, la désertion des noirs. C'est le gouvernement anglais qui lui a donné naissance, c'est le gouvernement anglais qui l'entretient. Sa politique a toujours été de chercher à détruire l'industrie des autres nations! Quel meilleur moyen de diminuer la fabrication du sucre français que celui de ruiner la population de nos possessions d'outre mer?

Les autorités anglaises ne se contentent pas de recevoir les fugitifs, elles refusent de les remettre lorsqu'ils sont réclamés. Elles vont jusqu'à leur accorder une paie qui leur permet de vivre sans travailler, ce qui pour eux est le comble de la félicité. C'est tout à la fois un exemple et une prime offerts à la désertion.

Excités par un encouragement aussi puissant, les nègres Français dérobent presque toutes les nuits des canots qui appartiennent souvent à de pauvres pêcheurs qui n'ont pas d'autres moyens de pourvoir à la subsistance de leurs familles, se rendent à Antigues, à Sainte-Lucie, à la Dominique, où ils se réunissent à ceux qui les ont précédés, et jouissent des mêmes avantages, ou pour mieux dire, des mêmes récompenses.

Une telle conduite, si elle était sanctionnée par le gouvernement anglais, serait contraire à la dignité de la nation française, aux intérêts des colons, et pourrait mettre en péril la sûreté des colonies; car, si la désertion continuait à être ainsi encouragée, elle entraînerait la ruine de l'agriculture et du commerce dans nos possessions d'outre mer en les privant des bras qui les fécondent; elle serait fatale au bien-être et à l'accroissement de la population, elle contrarierait le vœu de la religion et de la nature elle-même, en détruisant toute proportion entre le nombre des hommes et celui des femmes; elle compromettrait la sûreté des colonies françaises; car le nombre de ces réfugiés augmente tous les jours. A Sainte-Lucie seule on en compte déjà plus de 200. Ils correspondent avec leurs anciens camarades; quelques fois même ils visitent clandestinement les îles auxquelles ils appartenaient. Il est aisé de concevoir le fâcheux effet que leur présence et leurs discours peuvent produire sur le moral des ateliers.

Plusieurs de ceux qui s'étaient réfugiés à Sainte-Lucie s'introduisirent à la Martinique lors des derniers troubles, et on pense bien que leur rôle ne fut pas passif. M. le contre-amiral Dupotet fut obligé de rendre un arrêté à la date du 8 mars qui accorde une prime pour leur arrestation.

Cette manière d'agir est aussi contraire à la bonne intelligence qui règne entre les deux nations et aux rapports de bon voisinage qui doivent subsister entre leurs colonies, qu'aux règles de la justice et aux intérêts bien entendus de l'humanité.

Elle est contraire aux règles de la justice, parce que l'esclavage étant admis dans les colonies anglaises, les esclaves y étant considérés comme une propriété, il ne doit pas y avoir d'exception pour ceux de leurs voisins.

Il faudrait au moins, pour rejeter la réclamation des colons français, qu'on pût leur opposer une loi précise; il n'en existe aucune. Les autorités locales ont cherché, il est vrai, à motiver leur refus sur un acte du parlement; mais cet acte est évidemment plus favorable aux colons qui réclament qu'aux autorités qui refusent.

L'acte ne parle, en effet, que des esclaves qui qui se sont soustraits à une détention illégale, et puisqu'il défend de les remettre dans une pareille circonstance, il suppose nécessairement qu'ils doivent l'être, si la détention à laquelle ils out échappé était légale.

Et effectivement, si la règle générale n'avait pas toujours été de restituer les esclaves à leurs légitimes propriétaires, il est évident que le parlement n'aurait pas eu besoin de faire une loi pour prohiber la restitution de ceux qui auraient été achetés à des voleurs, à des pirates, etc. (Ce sont les termes de l'acte.)

L'acte du parlement ne fait donc que confirmer la règle générale qui avait été suivie jusqu'ici et qui elle-même est fondée sur ce que l'esclavage étant admis dans les îles Françaises et Anglaises, et les esclaves y étant considérés comme une propriété, refuser à un Français de lui remettre son esclave, c'est refuser de lui remettre sa propriété, ce qui est contraire à tous les principes du droit des gens.

Les autorités Britanniques ne se sont pas trompées et ne pouvaient se tromper sur la véritable signification de l'acte. Voyant bien qu'il était impossible d'asseoir leur décision sur une pareille base, elles ont cherché à l'identifier avec les instructions de lord Bathurst. Si vous leur demandez en vertu de quelle autorité les colons français sont dépouillés de leur propriété, elles vous présentent l'acte du parlement, et si vous voulez savoir ce qu'il a voulu dire et a dit réellement, elles vous montrent les instructions. De sorte que l'autorité de la loi est dans l'acte du parlement et sa signification dans la dépêche ministérielle. De cette manière, avec un seul acte du parlement et des instructions ministérielles en assez grand nombre, les autorités locales pourraient résoudre toutes les questions.

La vérité est que les ministres ne peuvent ni restreindre ni étendre les dispositions d'un acte du parlement, parce qu'une loi ne peut être changée ou modifiée que par une autre loi.

Cet accueil fait à la désertion est contraire aux intérêts de l'humanité, parce qu'il produit l'effet le plus funeste sur l'esprit de la population esclave des Antilles françaises. En détruisant son attachement pour ses maîtres, son obéissance aux lois, son amour pour le travail, il la rend incapable de tout progrès moral, et peut ainsi la priver des améliorations que pourraient lui procurer la religion, le temps, l'affection des propriétaires et la protection du gouvernement.

Les colons français qui se voient exposés à être ruinés d'un moment à l'autre par la fuite de leurs esclaves, sont obligés de les tenir sous une discipline plus sévère, de ne jamais les perdre de vue, et ne peuvent leur accorder autant de loisir et de liberté qu'ils seraient portés à le faire, sans les inquiétudes qu'ils éprouvent. Ils ont même été obligés de les priver de leurs canots, et par conséquent de tous les avantages que leur procurait la pêche. Si le gouvernement anglais voulait faire le malheur de notre population esclave, il ne pourrait mieux s'y prendre.

Et quel exemple, non-seulement pour les nègres français, mais encore pour ceux de nos voisins! Ceux qui sont obéissans, laborieux, attachés à leurs maîtres, sont sur les habitations occupés aux travaux de la culture, tandis que les paresseux, les marrons, ceux qui ont violé les lois, volé des pirogues et des canots, jouissent de la liberté, et entretenus aux dépens du public, passent leur vie à ne rien faire.

Ici il est nécessaire d'appeler l'attention de la France sur la politique britannique.

Le royaume des Pays-Bas était l'ouvrage de l'Angleterre; c'était l'expression de sa haine et de sa jalousie contre la France. Pour élever cette barrière, elle n'avait épargné ni le sang, ni les trésors; elle voulait nous maîtriser par des forteresses, comme elle maîtrise les eaux de ses canaux par des écluses. Dans son omnipotence, elle avait dit à la France : Vous viendrez jusqu'ici et vous n'irez pas plus loin.

Après les événemens de juillet, lorsque cette honteuse barrière fut renversée et la Belgique séparée sans retour de la Hollande, elle fut trop habile pour ne pas accepter un fait accompli. Elle changea de tactique; elle vint se joindre à la France, pour assurer, disait-elle, l'indépendance de la Belgique, maintenir la paix de l'Europe, et contribuer au triomphe des principes constitutionnels. Voilà les motifs mis en avant. Mais examinons les faits : la France et la Belgique désiraient se réunir; la réunion n'a pas eu lieu. La Belgique désirait du moins être régie par un prince français; elle ne l'a pas obtenu. Bien plus! elle obéit maintenant à un prince anglais. Voilà les résultats que voulait obtenir l'Angleterre, elle les a obtenus. Le reste n'était que le prétexte.

L'Angleterre désire depuis long-temps obtenir le droit de visiter les navires étrangers, et ruiner entièrement nos colonies à sucre.

Pour parvenir à ce double but, suivant sa louable coutume, elle a caché ses véritables desseins sous les apparences les plus spécieuses. A l'entendre elle est animée du désir de servir l'humanité, de faire cesser un infâme trafic. Pourquoi donc ne se contente-t-elle pas de le faire cesser chez elle, et se montre-t-elle si empressée de le faire cesser chez les autres? Est-ce que les consciences sont solidaires? Et pourquoi armée d'une si grande puissance, embrasée d'une philantropie si pure, s'est-elle montrée si indifférente sur le commerce de chair blanche, de chair chrétienne, qui se faisait dans la Méditerranée avant la conquête d'Alger? N'a-t-elle de sympathie que lorsqu'il s'agit des noirs de nos *colonies à sucre?*

Quand il s'agit de l'Angleterre, c'est la raison d'intérêt qui explique tout. En état de faire respecter son pavillon dans la Méditerranée, il était de l'intérêt de son commerce que celui des autres ne le fût pas; en s'occupant des Africains au contraire, elle se promet deux résultats qui, il faut en convenir, méritent bien qu'on dépense un peu de philantropie.

Elle veut ressaisir le droit de visite, et ruiner nos possessions à sucre. Ici comme en Belgique ses efforts triomphent. Elle vient de terminer un traité avec la France d'après lequel les bâtimens de guerre anglais ont le droit de visiter les bâtimens français.

Il y a réciprocité dira-t-on? Oui, dans le droit; mais quelle différence dans l'usage! La situation des deux nations est telle, qu'il est de l'intérêt de la France que ce droit de visite n'existe pas; qu'il est de l'intérêt de l'Angleterre qu'il existe.

Ce n'est qu'une exception, direz-vous. Soyez persuadé qu'il suffit à l'Angleterre de faire reconnaître que le principe peut admettre des exceptions. Vous pouvez ensuite vous reposer sur elle du soin de les multiplier. Le traité qu'elle vient de surprendre fera époque dans ses Annales. C'est un antécédent qui sera plus d'une fois invoqué.

Maîtresse du droit de visite, elle va détruire la population noire de nos colonies, d'un côté en l'empêchant par ses croisières de se recruter, et de l'autre en la minant par les encouragemens donnés à la désertion.

Certes, il lui serait bien agréable d'arriver ainsi, sans bruit, à fournir à la France les 82,500,000 kil. de sucre qu'elle tire de ses colonies.

Avant d'accorder à l'Angleterre ce droit de visite pour lequel elle a combattu si long-temps et qui semblait lui avoir été enlevé sans retour, il fallait au moins exiger d'elle qu'elle rendît les noirs fugitifs, et qu'à l'avenir elle n'encourageât plus la désertion. On ne l'a pas fait; et cependant les conseils généraux organes des colonies, avaient déjà plus d'une fois adressé de justes réclamations au ministre chargé de les protéger. Le conseil des délégués ne lui avait laissé ignorer ni la grandeur du mal, ni l'urgence du remède.

Il en est encore temps. On peut toujours exiger la réparation d'un tort, l'abandon d'une politique hostile. Avant le traité, l'Angleterre pouvait colorer ses refus en disant que la France continuant à tolérer la traite contrairement aux conventions, les colonies britanniques privées seules de ce moyen de recrutement, se trouvaient dans une position moins avantageuse que les nôtres. Depuis le traité elle n'a plus aucun motif pour rejeter la réclamation des colons français.

Si le gouvernement gardait le silence, la chambre devrait faire entendre sa voix. Ce serait un noble usage de son droit d'initiative. Un refus de la part de la Grande-Bretagne serait l'aveu qu'elle a juré la ruine de nos établissemens à sucre.

Il est nécessaire que la France sache si réellement l'Angleterre est son alliée, ou si, changeant une guerre ouverte en une guerre cachée, elle a conservé sa haine et n'a perduue sa franchise.

L'union de la France et de l'Angleterre serait, sans contredit, ce qui pourrait arriver de plus heureux pour l'Europe.

Mais si ces deux grandes nations sont réellement unies, qu'elles le soient pour le bonheur du monde, qu'elles marchent à la tête de la civilisation; qu'elles réunissent leurs efforts pour servir la cause de l'humanité en mettant un terme à la traite des noirs; pour introduire d'utiles améliorations dans leurs possessions d'outre mer; mais que l'Angleterre renonce à un moyen dont il n'est pas permis de faire usage envers une puissance amie, qui tend à la ruine de nos colonies, et s'oppose comme nous l'avons fait voir à la prospérité matérielle et morale de la population noire elle-même.

CHAPITRE VII.

ALGER.

La conquête d'Alger est sans contredit l'événement le plus remarquable de notre époque. Les victoires de la république et de l'empire n'ont fait qu'ajouter de belles pages à notre histoire. L'expédition d'Égypte était plus chevaleresque que politique, et si on considère bien les circonstances dans lesquelles elle fut exécutée, la situation de la contrée qui en était l'objet, on reconnaîtra qu'elle était plutôt une saillie de l'audace ou un écart de l'imagination, qu'une entreprise sagement combinée.

La conquête d'Alger, au contraire, est un fait unique dans l'histoire, par la manière dont elle a été exécutée, le motif qui l'a inspirée, les intérêts qui s'y rattachent, l'avenir qui semble lui être promis.

L'Europe délivrée d'un joug honteux, la civilisation retournant en Afrique après tant de siècles d'exil : voilà un des grands événemens des temps modernes : voilà une des gloires du nom français,

Cette noble mission appartenait au peuple qui déjà avait sauvé la chretienté par la défaite des Maures.

Faire cesser la piraterie, civiliser l'Afrique, y introduire l'agriculture et le commerce, n'est-ce pas travailler pour l'Europe entière?

Hélas! il faut en convenir, la conquête seule est faite. Pour d'autres, ce serait beaucoup sans doute. Pour nous, ce n'est rien. Fonder, conserver, voilà ce qui est difficile avec le caractère de notre nation et l'esprit de notre gouvernement.

Cependant, la France est trop avancée; elle ne peut plus reculer. L'honneur exige qu'elle accomplisse une tâche qu'elle a si bien commencée.

Toutes les relations sont d'accord sur la beauté et l'importance de notre acquisition, et cependant nous n'en connaissons encore qu'une bien faible partie. Nous en ignorons les bornes; personne n'a parcouru le revers méridional de l'Atlas. Nous savons seulement que la nouvelle France est située entre la Méditeranée et le Sahara.

Placée entre ces deux mers, elle jouira de deux navigations.

Qu'on ne dédaigne pas celle du désert, parce qu'elle ne s'exécute ni avec la voile ni avec la vapeur. Elle a été florissante dans les anciens temps: les ruines de Palmyre sont là pour l'attester.

Nous devons donc faire tous nos efforts pour coloniser cette belle contrée; mais pour réussir il faut en quelque sorte nous vaincre nous-mêmes.

Il faut de la constance et de la patience dans les individus; de l'intégrité, de la justice et de la fermeté dans les chefs, de la suite dans les plans adoptés par le gouvernement de Sa Majesté; de la simplicité dans les formes d'administration appliquées à la nouvelle colonie; de la modération dans le budget du personnel.

Malheureusement nous croyons déjà remarquer quelques-uns des vices que nous avons signalés en parlant des Antilles, de Cayenne et de Bourbon. Le pays ne nous appartient que depuis dix-huit mois, et déjà il en est à son troisième chef. Le général Boyer, qui commandait à Oran, vient également d'être remplacé. Des mutations aussi fréquentes sont un des plus grands obstacles qui puissent s'opposer aux progrès d'une colonie naissante.

Plus voisine de la Métropole que les autres possessions, Alger pourra prendre sa part dans la représentation de la France. Plus éloignée de Paris qu'aucun département et même que la Corse, elle sentira plus vivement le besoin d'une loi municipale assise sur des bases larges et bien combinées.

Ici nous allons émettre une idée qui pourra surprendre d'abord, qui nous paraît cependant importante et appuyée par les faits et les raisonnemens : c'est qu'il ne faudrait pas attendre pour y former un collége électoral, qu'on y possédât tous les élémens exigés en France. Qu'il serait, au contraire, nécessaire que la colonie aussitôt qu'elle compterait dix électeurs dans son sein envoyât un député à la chambre.

A mesure que la population augmenterait, on se rapprocherait du système de la Métropole.

Quelques personnes croiront peut-être suffisamment repousser notre proposition, en invoquant les dispositions de la loi électorale.

Nous avouons que nous n'avons jamais partagé l'opinion de ceux qui considèrent les lois comme des règles inflexibles. Sans doute elles doivent l'être quand il s'agit de leur application aux personnes : mais entre les mains du législateur, elles doivent se prêter à toutes ses volontés, afin de pouvoir s'adapter aux temps et aux lieux.

Le député d'Alger, il est vrai, aurait été élu par un nombre d'électeurs moins considérable que celui exigé pour la nomination des représentans des départemens; mais d'un autre côté aussi, il représenterait un pays presque aussi vaste que la France et d'une immense importance.

Il est nécessaire que, dès sa naissance, la nouvelle province ait des défenseurs; il lui en faut en France comme au pied de l'Atlas; et j'avoue que les Cabaïles ne me paraissent pas être ses ennemis les plus redoutables.

Il faudrait encore, aussitôt qu'elle posséderait quelques propriétaires, quelques négocians, se hâter d'établir le système municipal. En un mot, il faut que le pays sorte de l'arbitraire le plutôt possible, si on ne veut pas se résoudre à le voir servir uniquement à créer des fortunes nouvelles ou à réparer celles qui sont délabrées.

Nous ne cesserons de le répéter et nous croyons l'avoir suffisamment démontré, le système représentatif appliqué à nos possessions d'outre mer et institué pour chacune d'elles, suivant le mode réclamé pour les localités, est le seul moyen d'assurer leur prospérité. Ceci tient à ce principe si simple et cependant si long-temps méconnu dont nous avons déjà parlé plus d'une fois : que les personnes les plus capables de s'occuper d'un objet, sont celles qui possèdent les connaissances spéciales nécessaires et qui sont parties intéressées.

On ne manquera pas de dire qu'il faut que, surtout dans les commencemens, le pouvoir du gouverneur soit fort. Personne n'en doute. Mais, si on veut qu'il soit fort, il faut le régler ; il faut placer près de lui un conseil formé des principaux chefs et des principaux particuliers établis dans l'endroit.

C'est le meilleur moyen de remédier à ces mutations d'employés si fréquentes avec notre manière d'administrer. Sans une pareille institution, un changement de gouverneur sera toujours un changement de gouvernement ; avec une pareille institution, au contraire, les traditions se conservent, les leçons du passé ne se perdent pas et les affaires marchent avec suite et avec ordre.

L'illustre maréchal qui a gouverné quelque temps Alger avec tant de distinction, a émis, dans une brochure qu'il a publiée, d'excellentes idées sur la colonisation de ce pays. Il dit avec raison, qu'il ne faut pas chercher à coloniser toutes les parties à la fois; qu'il faut tâcher d'établir d'abord et dans les endroits les plus avantageux une population compacte, et en former une milice à peu près comme celle des Anglais au Canada. C'est un excellent moyen pour maintenir les Cabaïles et les Bédouins et assurer la sûreté de la colonie, sans être obligé d'y employer un trop grand nombre de troupes dont l'entretien serait une charge pour le trésor.

Ce que nous avons dit en parlant de nos possessions à sucre, qu'il ne faut pas changer trop souvent les chefs, trouve encore ici son application. Car, en suivant une conduite opposée, on déplace un fonctionnaire au moment où l'expérience qu'il a acquise, souventaux dépens de la colonie, pourrait être utilisée.

En matière de colonisation, le début influe beaucoup sur l'avenir. Si ceux qui commencent ne réussissent pas, leur exemple fait naître le découragement. Leurs succès, au contraire, excitent partout le désir de marcher sur leurs traces et on est sûr de voir la population augmenter rapidement.

Le succès des premiers colons dépendra nécessairement du plan de culture qu'ils adopteront. Ici encore l'expérience des lieux serait indispensable ; mais puisqu'elle ne peut encore exister, le gouvernement doit faire tous ses efforts pour y suppléer.

Voici, ce nous semble, comment il faudrait s'y prendre.

Les commencemens de toutes les colonies, sans en excepter celles de la Nouvelle-Angleterre, ont été lents et pénibles. Cela vient de ce que les fondateurs ne pouvaient adopter un système basé sur une nature qui leur était inconnue. Ils ont donc commis beaucoup d'erreurs et n'ont acquis qu'à leurs dépens une expérience dont leurs descendans ont profité.

En agriculture comme dans tout le reste, les mêmes principes ne peuvent s'appliquer à tous les endroits; par exemple : quelqu'un qui voudrait introduire aux États-Unis la culture de l'Angleterre se ruinerait infailliblement. On en peut donner plusieurs raisons tirées surtout du climat et de la position géographique. La Grande-Bretagne, à cause de sa situation insulaire, possède un climat beaucoup plus humide et en même temps moins froid que celui des provinces de l'Union[1]. De sorte que des plantes qui y réussissent très-bien ne prospèrent point de l'autre côté de l'Atlantique, et réciproquement. Par exemple : ces plantations de betteraves, de navets, de choux, dont l'Angleterre est couverte et sans lesquelles elle ne pourrait entretenir ces immenses troupeaux si utiles par la nouriture qu'ils procurent aux hommes et les en-

[1] Ceci ne concerne point les états du sud.

grais qu'ils fournissent à l'agriculture, échoueraient complétement aux États-Unis.

Dans ce dernier pays, au contraire, dont les étés sont plus chauds et plus secs, le sol plus sablonneux, le maïs vient admirablement. L'agriculture n'y a réellement prospéré que, lorsqu'abandonnant les rotations de la mère-patrie, on a adopté un système dont le maïs est la base. Il faut entendre dans quels termes les agriculteurs du pays parlent de cette plante. Ils ne balancent pas à affirmer qu'elle est une des principales causes de la prospérité de leur patrie.

Je suis persuadé que la culture qui convient à l'état d'Alger, doit plus se rapprocher de celle des États-Unis que de celle de France, et qu'elle pourrait faire de nombreux et utiles emprunts aux méthodes suivies dans nos possessions intertropicales .

[1] On dirait que la nature, qui a rendu le travail plus pénible à l'homme dans ces beaux climats, ait voulu en même-temps le lui rendre moins nécessaire. Elle a été si généreuse sous ce rapport, qu'il semble qu'elle ait, dans plusieurs circonstances, voulu par ses produits, le mettre à même de se passer de ceux des arts.

On ne peut s'empêcher d'être attendri et de reconnaître la main de la providence, lorsqu'on visite la propriété d'un petit blanc ou d'un nègre libre. Un tamarin, quelques touffes de bananiers, deux calebassiers, un petit champ de pois d'Angole, environnent la case et occupent à peu près tout le domaine.

Le tamarin lui sert d'étable. Son feuillage est si épais

Nous avons dit que les premiers colons étaient obligés, d'acquérir à leurs dépens une expérience qui ne profitait qu'à leurs descendans; que c'était ce qui faisait que les colonies demeuraient si long-temps faibles et languissantes. Le gouvernement peut facilement soustraire notre nouvelle acquisition à cette longue enfance, et lui procurer de suite une existence forte et prospère.

Pour y parvenir, il faudrait établir des fermes

qu'il intercepte toute communication entre le ciel et le terrain qu'il recouvre. Aucune herbe ne peut y croître et la pluie n'y pénètre jamais. C'est là que le soir il attache ses chèvres. C'est là qu'il placera votre cheval, si, surpris par la nuit, vous êtes obligé de prendre gîte chez lui.

Le bananier vient par touffes. Le régime en sortant se porte toujours en dehors. Son poids fait pencher la tige qui de cette manière, fait place aux autres et semble s'incliner pour vous offrir ses fruits. Cette plante ne donne point tous ses produits à la fois comme les céréales. Elle semble s'accommoder à l'imprévoyance des hommes qu'elle est destinée à nourrir, en répandant ses bienfaits dans toutes les saisons. Seule peut être de toutes les plantes, elle donne un fruit bon à manger à toutes les époques de sa croissance. Vert, il tient lieu de pain ; mûr, c'est un fruit délicieux ; cuit, c'est une excellente confiture ; pour toute préparation il suffit de le mettre sous la cendre.

Le calebassier porte des fruits dont l'enveloppe est très-dure. Comme ils affectent toutes les formes, et ont depuis deux jusqu'à dix-huit pouces de diamètre, on en fait des vases de toutes espèces. Inutile après cela de dire que notre colon cueille sa vaisselle et ne l'achète pas. Ses calebassiers lui fournissent des tasses, des soucoupes, des assiettes, modèles placées à une certaine distance les unes des autres. C'est là que se feraient les essais. De cette manière les connaissances de l'expérience s'acquéreraient aux dépens du gouvernement. Le colon en arrivant les trouverait toutes préparées. Il lui suffirait d'avoir des yeux pour en profiter. Il verrait un champ de blé cultivé de la manière que le climat l'exige. Il verrait un champ de maïs, un champ de coton, plantés et entretenus d'après la

des plats et même des vases pour transporter l'eau, des bassins pour baigner les enfans.

Le pois d'Angole est un arbrisseau de six à sept pieds de haut. Il joint l'utile à l'agréable. Sa forme est élégante, son feuillage épais. Ses fleurs éclatent au milieu d'une verdure foncée, comme des boutons d'or. Il n'est pas nécessaire de labourer la terre avant de le planter. On fait de petits trous: on dépose deux ou trois grains dans chaque. On le garantit des herbes pendant quelque temps; il se suffit ensuite à lui-même. Il dure plusieurs années et rapporte pendant quatre ou cinq mois, chaque année. C'est sans contredit l'aliment le plus sain que produise le règne végétal. J'ai toujours remarqué qu'il n'existait jamais de dissenterie dans les ateliers, tant que durait la récolte du pois d'Angole. Cette maladie paraît être assez fréquente à Alger. La plante dont nous parlons serait, sous ce rapport comme sous beaucoup d'autres, un présent sans prix pour ceux qui iraient s'y établir.

Ces enfans du règne végétal, prenant possession du sol en même-temps que nos compatriotes, exigeant peu et donnant beaucoup, seraient, surtout pour les plus pauvres, des compagnons, des bienfaiteurs, et contribueraient au succès de leurs efforts.

méthode des États-Unis; une indigoterie établie comme celles de l'Inde ou de la Guyane, etc. Il n'aurait qu'à choisir et imiter. On ne tarderait pas à pouvoir rédiger d'après les expériences qui auraient été faites sur les différentes fermes, un manuel d'agriculture qui serait un guide salutaire pour tous ceux qui viendraient féconder les champs de l'ancienne Numidie.

D'après ce que nous avons dit, il ne suffirait pas d'envoyer à Alger des personnes qui n'auraient jamais laissé la France et qui ne pourraient par conséquent y introduire que les systèmes d'agriculture pratiqués dans nos provinces; mais il faudrait aussi y employer des personnes qui, par leurs voyages et leur séjour dans les contrées intertropicales, leurs connaissances en histoire naturelle, pourraient procurer à la colonie africaine de nombreuses et utiles acquisitions, et lui montrer en même temps la manière d'en tirer parti [1].

Ces objets, qui peuvent paraître futiles à un esprit superficiel, sont beaucoup plus importans qu'on pourrait le penser, et nous aurions désiré les traiter d'une manière plus étendue; mais nous

[1] Nous possédons plusieurs personnes très-capables de remplir ces vues si elles étaient adoptées par le gouvernement. Nous nous contenterons de citer M. Perrotet, naturaliste, qui a exécuté pour le gouvernement plusieurs voyages dans l'Inde, qui a dirigé un établissement agricole au Sénégal, et qui a publié, sur cette contrée, une brochure fort intéressante.

sommes obligés de nous restreindre. Les lecteurs auxquels s'adressent surtout cet écrit sont accablés de travaux. Quelques instans, voilà tout ce que nous pouvons demander, voilà tout ce qu'ils peuvent accorder.

La détresse de la classe ouvrière est une des grandes plaies de notre patrie. Nos orateurs en font le texte de leurs discours, les journaux celui de leurs déclamations. Le gouvernement s'en occupe. Chacun voit le mal, personne n'indique le remède.

Ce n'est pas en votant des sommes pour venir au secours des ouvriers, en faisant des commandes pour des marchandises dont on n'a pas besoin, qu'on guérira le mal. Puisqu'il y a plus d'ouvriers que d'ouvrage, il n'y a qu'un remède, et ce remède, c'est Alger. C'est là que doivent être dépensées les sommes destinées à faire cesser la situation pénible dans laquelle se trouvent les classes ouvrières.

Il s'établira entre Alger et la France un commerce considérable, parce que les objets d'échange seront nombreux. Ce serait une erreur de croire que nos colonies à sucre resteront étrangères à ce mouvement : elles pourront fournir leurs denrées à leur grande et jeune sœur, et en recevoir cette immense quantité de bœufs qu'elles tirent de Porto-Rico, et qui, rendus sur les lieux, reviennent à 500 francs, le bœuf salé qui leur est fourni par les Américains, qui, certes, seront hors d'état de soutenir la concurrence, les chevaux, etc.

Comme nous l'avons déjà dit, l'acquisition d'Alger augmente de beaucoup l'importance de nos autres colonies, parce qu'elle en complète l'ensemble.

Alger est plus favorable à l'écoulement de notre population; nos colonies à sucre à la prospérité de notre marine.

Sans marine Alger n'est rien : avec Alger seule une marine est impossible.

Alger dans la Méditerranée, répéterons-nous, le Sénégal sur les côtes occidentales d'Afrique, la Martinique et la Guadeloupe dans les Antilles, la Guyane sous l'équateur, Bourbon sur le chemin de l'Inde, nos pêcheries sur les rivages de Terre-Neuve, voilà de magnifiques élémens de prospérité. Qu'on ne vienne pas nous parler de sacrifier, de négliger même une seule de ces possessions. Conservons dans toute son intégrité cet admirable ensemble dont toutes les parties sont si bien coordonnées, et sur lequel repose l'avenir de la France.

CHAPITRE VIII.

DU PROJET DE LOI PRÉSENTÉ PAR LE MINISTRE DE LA MARINE SUR LE RÉGIME LÉGISLATIF DES COLONIES.

Cet écrit était sous presse lorsque le ministre de la marine a présenté à la chambre un projet de loi sur le régime législatif des colonies. Sans revenir sur ce que nous avons déjà dit sur cet objet dans le chapitre V, nous allons nous borner à un court examen de la proposition.

Le ministre, dans son exposé des motifs, fait l'éloge de la commission qui a élaboré le projet. Nous avouons que nous concevons très-bien que lorsque le gouvernement a besoin de lumières pour résoudre des questions difficiles, il forme des commissions pour les examiner, émettre des avis, préparer des travaux, etc.; mais que nous ne concevons pas une commission de législation permanente et instituée par ordonnance royale.

Quoi qu'il en soit, examinons le travail en lui-même, ainsi que l'exposé des motifs dont il a été précédé.

Cet exposé renferme des erreurs graves qu'il est nécessaire de signaler.

Le ministre commence par se prononcer contre l'admission à la chambre de députés des colonies. Il fonde son opinion, 1° sur ce que les désordres survenus dans ces contrées au commencement de la révolution, et la perte de Saint-Domingue, sont dus à l'admission des députés colons dans les premières assemblées, et plus tard dans la convention. Il en donne une preuve vraiment singulière : c'est que *ces désordres* se rattachent à *à cette époque*. Ici l'erreur est évidente et saute aux yeux de tout le monde. Ce raisonnement revient à celui-ci : *post hoc, ergo propter hoc.*

Nous n'insisterons pas sur une question aussi simple.

Qui ne voit que les causes qui, au commencement de la révolution, ont bouleversé les colonies, sont les mêmes qui ont plongé la Métropole dans l'anarchie, amené le règne du sans-culottisme, la terreur, etc. ; qu'elles sont nées en France et non pas dans les Antilles.

2° Sur le défaut d'homogénité entre la population métropolitaine et celle des colonies. Nous avons déjà réfuté cette objection et cité l'exemple des États-Unis, fait sans réplique.

Le ministre signale ensuite des inconvéniens qui sont réels et que nous avons déjà fait connaître. Mais que faut-il en conclure : que l'admission des députés des colonies à la chambre est impossible ? Non, certes. Entre des inconvéniens et des impossibilités la distance est infinie.

Et lors même qu'il serait prouvé que ce mode de représentation est impossible, faudrait-il en conclure que les colons ne doivent pas être admis à participer à la confection de leurs lois, à l'assiette de leurs impositions? Assurément non. C'est cependant le résultat auquel le ministre est arrivé, sinon en principe, au moins en fait.

Les colonies doivent-elles jouir d'une législature locale? Voilà la question à examiner. Si on ne veut leur accorder ni ce qui concerne les affranchissemens, ni ce qui concerne les personnes non-libres, ni le vote de l'impôt; il faut la résoudre négativement. Alors restera la question de l'admission de leurs députés à la chambre.

Mais procéder comme l'a fait le ministre; décider que leur participation à la représentation nationale est impossible; qu'il faut recourir à une assemblée locale; rétablir des colléges électoraux; s'occuper du cens pour l'élection et l'éligibilité; en un mot, présenter tous les accessoires, tout l'extérieur du système représentatif, et en même-temps refuser tout ce qui est de l'essence d'un pouvoir législatif, toutes les attributions sans lesquelles il ne peut pas être; c'est poser un principe et en nier les conséquences; c'est procéder contre toutes les règles de la logique.

Mieux vaudrait laisser les choses comme elles sont; car, il est aisé de démontrer que le projet diminue les garanties des colons au lieu de les augmenter; restreint leur participation dans la confection de leurs lois au lieu de l'étendre.

En effet, avant les événemens de juillet, toutes les lois, qui régissaient les colonies, émanaient du Roi, et le gouvernement avait promis de consulter les conseils généraux organes de leurs besoins et de leurs vœux; de leur soumettre tous les projets afin de recueillir leurs observations.

D'après le projet soumis à la chambre, les conseils coloniaux qui remplacent les conseils généraux, ne seraient consultés ni sur les projets de loi qu'il attribue à la Métropole ni sur ceux qu'il réserve à l'autorité royale.

L'article 4 qui fixe les attributions du conseil colonial contient une longue énumération qui ne sert qu'à mieux faire apprécier le vide et l'inutilité de cette institution. On lui accorde ce qui concerne les chemins vicinaux, les bureaux de bienfaisance, etc.

Quant aux objets qui concernent le régime intérieur et qui sont d'un grand intérêt, le projet les lui refuse.

Le ministre s'exprime ainsi : « Parmi ces ma-
» tières (celles qui sont refusées aux colonies), il
» en est, sans doute, plusieurs qui se rattachent
» au régime intérieur des colonies; mais les unes
» se lient tellement à la législation fondamentale
» de la Métropole, et d'autres concernent des *in-
» térêts si élevés*, que le gouvernement n'a pas

» cru pouvoir vous proposer de déléguer le soin » d'y statuer. »

C'est-à-dire que la participation des colons est admise pour les objets d'un faible intérêt, qu'elle est repoussée pour ceux qui sont réellement importans. Par là le ministre a fait lui-même la critique la mieux fondée du projet, et cela seul suffirait pour prouver qu'il est nécessaire d'y toucher.

Personne ne rend plus de justice que nous aux grandes qualités du ministre. Cependant nous osons le combattre, parce que né sur les lieux, nous possédons une expérience qui nous donne de la confiance; nous le combattons, d'ailleurs, pour mieux servir ses vues. Il désire autant que nous la prospérité des colonies que Sa Majesté lui a confiées.

Il n'en est pas, en général, d'un projet de loi comme de ces questions sur lesquelles une chambre ne saurait prononcer sans se prononcer en même temps pour ou contre le ministère. Quand il s'agit de lois, on cherche la lumière dans tous les rangs. En présentant des projets, le gouvernement appelle toutes les discussions, toutes les critiques; on travaille en commun et dans le même but. Une bonne loi est le triomphe de tous.

Le ministre, dans son exposé des motifs, a fait assez voir qu'il sollicitait les amendemens plutôt qu'il ne les redoutait.

Nous ne craignons pas de blesser le vainqueur de Navarin, en l'accusant de timidité dans cette circonstance. Nous avons été plus hardis que lui, et en même temps plus justes, parce que nous connaissions mieux le terrain.

Le ministre s'exprime ainsi, page 5 : « On ne » pourrait donc y établir qu'une chambre unique; » or, on conçoit ce qu'on devrait attendre d'une » telle institution; sous le climat brûlant des colo- » nies, elle y serait inévitablement la source de » divisions qui compromettraient bientôt la tran- » quillité et même le salut de ces établissemens. »

C'est une erreur de fait qui n'a pas peu contribué à rendre les bases du projet si étroites et si mesquines.

Les colonies françaises possèdent tous les élémens nécessaires pour la formation de deux chambres. La Guadeloupe, la Martinique possèdent en effet une population beaucoup plus considérable qu'Antigue, la Grenade, Saint-Christophe et plusieurs autres possessions anglaises qui jouissent d'une législature composée de deux chambres.

Si le conseil des délégués n'en a proposé qu'une seule, c'est qu'il a cru une seconde inutile. Si les chambres étaient d'un avis contraire, elles pourraient décider qu'il y aurait, comme dans les îles britanniques, une chambre d'assemblée (*house of assembly*) et une chambre de conseil (*house of counsil*). Les membres de la première seraient, comme chez nos voisins, nommés par le gouvernement; le jeu de la machine aurait lieu d'après les lois du régime représentatif qu'il est inutile de rappeler ici, parce qu'elles ne sauraient présenter des difficultés.

Le ministre a présenté un projet de loi pour accorder tous les droits civils et politiques aux hommes de couleur. C'est, dit-on, la conséquence des événemens de juillet. Ces mêmes événemens n'auront-ils aucun résultat pour la classe blanche? La solution de cette question dépendra des amendemens des chambres. Il est facile de voir combien elle influera sur les esprits. Les blancs accueilleront plus favorablement les conséquences des événemens de juillet en ce qui concerne les hommes de couleur, s'ils en retirent eux-mêmes les avantages qu'ils ont droit d'en attendre.

La rédaction de l'article 7, au sujet du vote de l'impôt ne pourra, nous l'espérons, soutenir un instant les regards de la chambre.

Il divise le budget en deux parties : la première est intitulée : *Dépenses d'intérêt général et obligatoires*, et comprend le gouvernement colonial, l'administration de la marine et de l'intérieur, le service des ports, le service de santé, le service financier, l'instruction publique, la justice et les travaux de défense.

La seconde intitulée : *Dépenses locales et facultatives*, comprend celles du culte, de la police, des ponts-et-chaussées, des routes, des canaux et autres travaux publics.

Ainsi, les dépenses que nécessitent la construction d'un pont indispensable, le culte, etc., sont facultatives; celles qu'entraîne le personnel de l'administration sont obligatoires.

Que les colons se passent d'un pont s'ils le jugent à propos, qu'ils se passent de culte et d'église, ils en sont les maîtres, ce sont des bagatelles; mais les traitemens, voilà ce qui est sacré; il ne leur est pas permis d'y toucher. Il faut qu'ils les paient, quelque exhorbitans et quelque nombreux qu'ils puissent être.

Il est évident que le gouvernement étant maître de fixer la quotité des traitemens et de créer des places, les colons continueraient à être *taillables à merci*, même quand ils se passeraient d'églises et de ponts.

Du reste la commission, pour ne pas accorder le vote de l'impôt aux colonies, a donné une très-bonne raison, mais qui pourrait bien ne pas faire fortune à la chambre : c'est qu'elles pourraient en user et ne pas payer ainsi et autant que le gouvernement jugerait à propos.

C'est refuser un droit, par la raison qu'on pourrait en faire usage.

Le projet refuse aux assemblées coloniales ce qui concerne les personnes non libres. Le ministre s'exprime en ces termes :

« Le conseil des délégués a fait remarquer que
» ce qui est relatif aux esclaves ne peut être traité
» en parfaite connaissance de cause que dans les
» colonies, et qu'il y aurait d'autant moins d'in-
» convénient à donner à cet égard des attribu-

» tions aux conseils coloniaux, que l'initiative et » la sanction définitive de leurs arrêtés apparte» nant à l'autorité royale, ces conseils n'auraient » à délibérer que sur des projets sagement élabo» rés, et ne pourraient y introduire des amendemens » contraires aux intentions du gouvernement.

» La commission de législation coloniale n'a pas » jugé qu'il fût possible, du moins quant à pré» sent, d'accueillir ces observations, et le gou» vernement n'a pu que partager son avis, etc. »

Le conseil des délégués a procédé conformément à la raison. Il a d'abord examiné quel était le mode qui convenait le mieux, d'une représentation à la chambre, ou d'une assemblée ou conseil législatif local. Ayant adopté ce dernier mode, il ne restait plus qu'à fixer les attributions; et ici il ne pouvait y avoir aucune difficulté. Si quelque chose est intérieur, est spécial aux colonies, certainement c'est ce qui concerne les esclaves, et les délégués ont la noble fierté de croire que le concours des colons et de l'autorité royale, est aussi propre qu'aucun autre pouvoir à assurer le bonheur de cette classe. Ce qu'ils ont ajouté ne sont que des considérations dont le but était de dissiper les scrupules que qualques personnes auraient pu concevoir.

Mais, quels sont les motifs de la commission pour refuser aux conseils coloniaux une pareille attribution? On n'en donne point; par une très-bonne raison, c'est qu'on n'en a pas.

La commission de législation, dit le ministre, n'a *pas jugé qu'il fût possible, quant à présent, etc.*

La commission, dans son omnipotence, n'a pas besoin de donner de motifs. Elle n'a *pas juge qu'il fût possible...* Cela suffit. Où est l'impossibilité? Elle ne daigne pas nous l'apprendre.

Quant à ce qui concerne les affranchissemens, les motifs sur lesquels se fondent les colons pour les réclamer, n'ont pas été présentés sous leur véritable point de vue. Nous renvoyons pour cette question à ce que nous en avons dit page 37.

Nous ferons seulement remarquer qu'ici encore le refus n'est pas motivé: « *La commission n'a pas jugé qu'il fût possible..* »

Et nous, nous dirons à la commission : que ce qui est impossible, c'est de faire tout à la fois qu'une chose soit et ne soit pas : c'est d'établir un conseil législatif, et lui refuser tout ce qui concerne les personnes non libres, les affranchissemens, le vote de l'impôt.

Le ministre fait observer que le conseil des délégués et la commission n'ont pu s'entendre. La raison en est simple : l'un a travaillé, comme s'il voulait faire jouir les colonies du système représentatif; l'autre, comme si elle était chargée de les en priver. Le premier a présenté un travail consciencieux et raisonné, dont les principes et les conséquences s'enchaînent; l'autre a produit un travail négatif, un projet auquel on ne sait quel nom donner; triste et inutile parodie qui ne peut supporter le moindre examen.

Du reste, le projet a affligé sans surprendre. Si on a lu cet écrit avec attention, on en sentira aisément la raison.

Les chambres porteront sur ce projet un sérieux examen. Elles considéreront la question sous son véritable point de vue. Elles n'oublieront pas que le sort des colonies dépendra de la loi dont elles vont s'occuper. Si le projet est adopté purement et simplement, la loi insuffisante, négative, illusoire, ne pourra recevoir d'exécution.

Les habitans, les négocians, ne voudront pas abandonner leurs affaires ou leurs travaux pour se livrer à des formalités électorales qui n'aboutissent qu'à une espèce de comité consultatif. Ils resteront dans l'inertie, non par le désir de contrarier le gouvernement; mais à cause de cette antipathie que tout français éprouve pour le ridicule. Ils auront sans cesse devant les yeux la fable de la *Montagne en travail*: que la commission aurait peut-être bien fait de se rappeler.

Les colonies, loin d'être satisfaites, jalouses de voir leurs voisines, les îles Anglaises, jouir des droits qui leur sont refusés, demanderont à participer à la représentation nationale. Pendant qu'on s'occupera de cette question, les animosités augmenteront, la confiance, déjà si ébranlée, disparaîtra tout-à-fait. La crise, au lieu de cesser, prendra une nouvelle énergie.

Si les chambres, à l'exemple de l'assemblée constituante, établissent dans chaque colonie un conseil législatif, réellement digne de ce nom, les droits des colons ne seront plus méconnus, les esprits se calmeront, la confiance reviendra, l'agriculture reprendra ses travaux, le commerce ses entreprises.

Les hommes de couleur et les blancs, mus par l'intérêt, ce grand mobile de l'humanité, et aussi par le désir d'être utiles à leur pays, se réuniront dans les colléges électoraux, dans les conseils législatifs, pour s'occuper des objets d'un intérêt général : voilà le rapprochement commencé : voilà la première impulsion imprimée aux mœurs par les lois : voilà le premier bienfait du régime représentatif, bienfait immense, qu'aucune autre loi, qu'aucun autre système ne peut leur procurer.

FIN.

www.ingramcontent.com/pod-product-compliance
Ingram Content Group UK Ltd.
Pitfield, Milton Keynes, MK11 3LW, UK
UKHW031929260826
14628UKWH00004B/1511

9 782013 672726